개역개정

온 가족이 함께 쓰는

밑글씨 매일

쓰기성경®

로마서 · 옥중서신

Daily Writing Bible

| 필 사 자 |

| 시작한 날 | 년 월 일

| 마감한 날 | 년 월 일

AGAPE
(주)아가페출판사

밑글씨 매일 쓰기성경® 쓰기표

로 마 서	1	2	3	4	5	6	7	8	9	10	11	12	13	14	15	16												
에베소서	1	2	3	4	5	6																						
빌립보서	1	2	3	4																								
골로새서	1	2	3	4																								
빌레몬서	1																											

일러두기

- 필사하신 부분을 상단의 쓰기성경 쓰기표에 색펜이나 형광펜으로 표시하세요.
- 평일에 3장, 주일에 5장이면 성경 전체를 일년에 완필하실 수 있습니다.
- 하루의 십일조(2.4시간)를 드리면, 일년에 완필하실 수 있습니다.
- 한 가정에서 가족들이 함께 나누어 필사할 수도 있습니다.

1. 성경은 성령님의 감동으로 이루어진 하나님의 말씀입니다. (딤후 3:16)
   - 성령님을 의지하는 겸손한 믿음으로 시작하십시오.
2. 성경은 주야로 묵상하여야 할 우리 삶의 지침입니다. (시 1:2)
   - 삶이 변화되기를 바라는 간절한 마음이 필요합니다.
3. 성경은 우리를 하나님의 사람으로 온전케 하는 진리입니다. (딤후 3:17)
   - 회개의 기도는 신자들의 호흡입니다.
4. 성경은 일점일획도 변함없이 이루어질 하나님의 약속입니다. (마 5:18)
   - 굳건한 신뢰의 마음으로 써야 합니다.
5. 성경은 사람을 구원에 이르게 하는 지혜의 말씀입니다. (요 20:31; 딤후 3:15)
   - 구원의 기쁨을 노래하는 마음으로 기록합니다.
6. 성경말씀은 성령께서 쓰시는 검(劍)입니다. 영적전투의 공격용 무기입니다. (엡 6:17)
   - 그리스도의 좋은 군사로서, 진리를 위하여 싸우는 담대한 자세가 요청됩니다.
7. 성경말씀의 핵심은 하나님을 사랑하며, 이웃을 사랑하는 것입니다. (마 22:37-40)
   - 사랑을 배우고 행하는 사람으로서의 태도가 필수적입니다.
8. 매일 시간을 정해 놓고 하며, 기도로 시작하여 기도로 끝냅니다.
   - 하루 24시간의 십일조(2.4시간)를 성경 쓰기에 드리면, 일년에 성경 전체를 완필할 수 있습니다.

밑글씨 매일 쓰기성경® 활용법

밑글씨를 따라 정성껏 성경말씀을 쓰시면 됩니다.

절 숫자 수록

장 숫자 수록

로마서 4장 20절~5장 10절

약하여지지 아니하고
20 믿음이 없어 하나님의 약속을
의심하지 않고 믿음으로 견고하
여져서 하나님께 영광을 돌리
며
21 약속하신 그것을 또한 능히 이
루실 줄을 확신하였으니
22 그러므로 그것이 그에게 의로
여겨졌느니라
23 그에게 의로 여겨졌다 기록된
것은 아브라함만 위한 것이 아
니요
24 의로 여기심을 받을 우리도 위
함이니 곧 예수 우리 주를 죽
은 자 가운데서 살리신 이를
믿는 자니라
25 예수는 우리가 범죄한 것 때
문에 내줌이 되고 또한 우리를
의롭다 하시기 위하여 살아나
셨느니라

의롭다 하심을 받은 사람의 삶

5 그러므로 우리가 믿음으로 의
롭다 하심을 받았으니 우리
주 예수 그리스도로 말미암아
하나님과 화평을 누리자
2 또한 그로 말미암아 우리가 믿
음으로 서있는 이 은혜에 들어
감을 얻었으며 하나님의 영광
을 바라고 즐거워하느니라
3 다만 이뿐 아니라 우리가 환난
중에도 즐거워하나니 이는 환
난은 인내를,
4 인내는 연단을, 연단은 소망을
이루는 줄 앎이로다
5 소망이 우리를 부끄럽게 하지
아니함은 우리에게 주신 성령
으로 말미암아 하나님의 사랑
이 우리 마음에 부은 바 됨이
니
6 우리가 아직 연약할 때에 기
약대로 그리스도께서 경건하지
않은 자를 위하여 죽으셨도다
7 의인을 위하여 죽는 자가 쉽지
않고 선인을 위하여 용감히 죽
는 자가 혹 있거니와
8 우리가 아직 죄인 되었을 때
에 그리스도께서 우리를 위하여
죽으심으로 하나님께서 우리에
대한 자기의 사랑을 확증하셨
느니라
9 그러면 이제 우리가 그의 피로
말미암아 의롭다 하심을 받았
으니 더욱 그로 말미암아 진노
하심에서 구원을 받을 것이니
10 곧 우리가 원수되었을 때에 그
의 아들의 죽으심으로 말미암

그의 아들에 관하여 말하면
육신으로는 다윗의 혈통에서 나셨고
성결의 영으로는 죽은 자들 가운데서 부활하사
능력으로 하나님의 아들로 선포되셨으니
곧 우리 주 예수 그리스도시니라
그로 말미암아 우리가 은혜와 사도의 직분을 받아
그의 이름을 위하여 모든 이방인 중에서
믿어 순종하게 하나니 너희도 그들 중에서
예수 그리스도의 것으로 부르심을 받은 자니라

(로마서 1:3-6)

개역개정

말글씨 매일

쓰기성경®

로마서 · 옥중서신

Daily Writing Bible

AGAPE
[주]아가페출판사

로마서

저자와 저작 연대

로마서를 기록한 사람은 사도 바울이다(1:1). 바울이 기록한 다른 서신들과 비교해 보았을 때도 로마서에 담긴 교리적인 내용들은 사도 바울에게 늘 나타나고 있는 전형적인 내용들임을 분명히 알 수 있다. 이 편지는 바울이 제3차 전도 여행을 끝마칠 무렵인 A.D. 57년경에 기록되었다.

기록 장소와 대상

바울이 석 달 동안 헬라에 머물러 있었고(행 20:3), 편지를 로마에 전달할 사람으로 겐그레아(고린도 동쪽의 항구 도시) 교회의 여집사인 뵈뵈를 추천한 점으로 보아(16:1) 이 편지는 고린도에서 기록된 것으로 보인다. 또 유대인과 이방인을 포함해서 로마에 있는 모든 그리스도인들을 위하여 썼다.

기록 목적

첫째, 스페인 선교 계획과 관련하여 앞으로 있을 로마 교회 방문을 미리 준비하기 위해 기록했다. 둘째, 사도들로부터 체계적인 가르침을 받아 본 적이 없는 로마 교회에 하나님의 구원의 기본 구조를 설명하기 위해 기록했으며 셋째로, 복음을 받아들인 후에도 여전히 율법주의적인 사고에 빠져 있던 유대계 그리스도인을 권면하기 위해 썼다.

핵심어 및 내용

로마서의 핵심어는 "죄"와 "구원"과 "믿음"이다. 사도 바울은 우리의 죄 때문에 하나님과의 관계가 파괴되었고 오직 하나님의 아들이신 예수 그리스도를 믿어야만 구원을 받을 수 있다고 분명하게 설명한다.

내용 분해

1. 서론
   (1:1–17)
2. 오직 믿음으로 말미암아 하나님께로부터 오는 의의 계시
   (1:18–4:25)
3. 믿음으로 의롭게 된 자들을 위해 약속된 생활
   (5:1–8:39)
4. 하나님의 계획 속에 있는 이스라엘과 이방인
   (9:1–11:36)
5. 믿음으로 의롭게 된 자들에게 요구된 순종
   (12:1–15:13)
6. 결론
   (15:14–16:27)

주요 사건 연대

A.D.

- 예수님의 승천 (행 1:9–11) A.D. 30
- 사울의 회심 (행 9:1–19) A.D. 33
- 야고보의 순교와 베드로의 투옥 (행 12:1–19) A.D. 44
- 바울의 제1차 전도 여행 (행 13:1–14:28) A.D. 47–49
- 예루살렘 공의회 (행 15:1–29) A.D. 49
- 바울의 제2차 전도 여행 (행 15:36–18:21) A.D. 49–51
- 바울의 제3차 전도 여행 (행 18:22–21:26) A.D. 52–57
- 네로의 통치 A.D. 54–68
- 로마서 기록 A.D. 57
- 바울의 체포, 심문 및 호송 (행 21:27–28:16) A.D. 58
- 바울의 로마 투옥과 전도 (행 28:17–31) A.D. 60
- 로마 대화재와 박해 A.D. 64
- 바울과 베드로의 순교 A.D. 64–68
- 예루살렘의 멸망 A.D. 70

인사

1 예수 그리스도의 종 바울은 사
도로 부르심을 받아 하나님의
복음을 위하여 택정함을 입었으
니
2 이 복음은 하나님이 선지자들을
통하여 그의 아들에 관하여 성
경에 미리 약속하신 것이라
3 그의 아들에 관하여 말하면 육
신으로는 다윗의 혈통에서 나
셨고
4 성결의 영으로는 죽은 자들 가
운데서 부활하사 능력으로 하
나님의 아들로 선포되셨으니 곧
우리 주 예수 그리스도시니라
5 그로 말미암아 우리가 은혜와
사도의 직분을 받아 그의 이름
을 위하여 모든 이방인 중에서
믿어 순종하게 하나니
6 너희도 그들 중에서 예수 그리
스도의 것으로 부르심을 받은
자니라
7 로마에서 하나님의 사랑하심을
받고 성도로 부르심을 받은 모
든 자에게 하나님 우리 아버지
와 주 예수 그리스도로부터 은
혜와 평강이 있기를 원하노라

바울의 로마 방문 계획

8 먼저 내가 예수 그리스도로 말
미암아 너희 모든 사람에 관하
여 내 하나님께 감사함은 너
희 믿음이 온 세상에 전파됨이
로다
9 내가 그의 아들의 복음 안에
서 내 심령으로 섬기는 하나님
이 나의 증인이 되시거니와 항
상 내 기도에 쉬지 않고 너희
를 말하며
10 어떻게 하든지 이제 하나님의
뜻 안에서 너희에게로 나아갈
좋은 길 얻기를 구하노라
11 내가 너희 보기를 간절히 원하
는 것은 어떤 신령한 은사를
너희에게 나누어 주어 너희를
견고하게 하려 함이니
12 이는 곧 내가 너희 가운데서
너희와 나의 믿음으로 말미암
아 피차 안위함을 얻으려 함이
라
13 형제들아 내가 여러 번 너희에
게 가고자 한 것을 너희가 모
르기를 원하지 아니하노니 이
는 너희 중에서도 다른 이방인
중에서와 같이 열매를 맺게 하

려 함이로되 지금까지 길이 막
혔도다
14 헬라인이나 야만인이나 지혜
있는 자나 어리석은 자에게 다
내가 빚진 자라
15 그러므로 나는 할 수 있는 대로
로마에 있는 너희에게도 복음
전하기를 원하노라
16 내가 복음을 부끄러워하지 아
니하노니 이 복음은 모든 믿는
자에게 구원을 주시는 하나님
의 능력이 됨이라 먼저는 유대
인에게요 그리고 헬라인에게로
다
17 복음에는 하나님의 의가 나타
나서 믿음으로 믿음에 이르게
하나니 기록된 바 오직 의인은
믿음으로 말미암아 살리라 함
과 같으니라

모든 경건하지 않음과 불의

18 하나님의 진노가 불의로 진리
를 막는 사람들의 모든 경건하
지 않음과 불의에 대하여 하늘
로부터 나타나나니
19 이는 하나님을 알 만한 것이
그들 속에 보임이라 하나님께
서 이를 그들에게 보이셨느니라
20 창세로부터 그의 보이지 아니하
는 것들 곧 그의 영원하신 능
력과 신성이 그가 만드신 만물
에 분명히 보여 알려졌나니 그
러므로 그들이 핑계하지 못할지
니라
21 하나님을 알되 하나님을 영화
롭게도 아니하며 감사하지도
아니하고 오히려 그 생각이 허
망하여지며 미련한 마음이 어
두워졌나니
22 스스로 지혜 있다 하나 어리석
게 되어
23 썩어지지 아니하는 하나님의
영광을 썩어질 사람과 새와
짐승과 기어다니는 동물 모양
의 우상으로 바꾸었느니라
24 그러므로 하나님께서 그들을 마
음의 정욕대로 더러움에 내버
려 두사 그들의 몸을 서로 욕되
게 하게 하셨으니
25 이는 그들이 하나님의 진리를
거짓 것으로 바꾸어 피조물을
조물주보다 더 경배하고 섬김
이라 주는 곧 영원히 찬송할
이시로다 아멘
26 이 때문에 하나님께서 그들을
부끄러운 욕심에 내버려 두셨
으니 곧 그들의 여자들도 순리

대로 쓸 것을 바꾸어 역리로
쓰며
27 그와 같이 남자들도 순리대로
여자 쓰기를 버리고 서로 향하
여 음욕이 불 일듯하매 남자가
남자와 더불어 부끄러운 일을
행하여 그들의 그릇됨에 상당
한 보응을 그들 자신이 받았느
니라
28 또한 그들이 마음에 하나님 두
기를 싫어하매 하나님께서 그
들을 그 상실한 마음대로 내버
려 두사 합당하지 못한 일을
하게 하셨으니
29 곧 모든 불의, 추악, 탐욕, 악의
가 가득한 자요 시기, 살인, 분
쟁, 사기, 악독이 가득한 자요
수군수군하는 자요
30 비방하는 자요 하나님께서 미
워하시는 자요 능욕하는 자요
교만한 자요 자랑하는 자요 악
을 도모하는 자요 부모를 거역
하는 자요
31 우매한 자요 배약하는 자요 무
정한 자요 무자비한 자라
32 그들이 이 같은 일을 행하는
자는 사형에 해당한다고 하나
님께서 정하심을 알고도 자기
들만 행할 뿐 아니라 또한 그
런 일을 행하는 자들을 옳다
하느니라

하나님의 심판

2 그러므로 남을 판단하는 사람
아, 누구를 막론하고 네가
핑계하지 못할 것은 남을 판
단하는 것으로 네가 너를 정죄
함이니 판단하는 네가 같은 일
을 행함이니라
2 이런 일을 행하는 자에게 하나
님의 심판이 진리대로 되는 줄
우리가 아노라
3 이런 일을 행하는 자를 판단하
고도 같은 일을 행하는 사람아,
네가 하나님의 심판을 피할 줄
로 생각하느냐
4 혹 네가 하나님의 인자하심이
너를 인도하여 회개하게 하심
을 알지 못하여 그의 인자하심
과 용납하심과 길이 참으심이
풍성함을 멸시하느냐
5 다만 네 고집과 회개하지 아니
한 마음을 따라 진노의 날 곧
하나님의 의로우신 심판이 나
타나는 그날에 임할 진노를 네
게 쌓는도다
6 하나님께서 각 사람에게 그

행한 대로 보응하시되
7 참고 선을 행하여 영광과 존
귀와 썩지 아니함을 구하는 자
에게는 영생으로 하시고
8 오직 당을 지어 진리를 따르지
아니하고 불의를 따르는 자에
게는 진노와 분노로 하시리라
9 악을 행하는 각 사람의 영에는
환난과 곤고가 있으리니 먼저
는 유대인에게요 그리고 헬라
인에게며
10 선을 행하는 각 사람에게는
영광과 존귀와 평강이 있으리
니 먼저는 유대인에게요 그리
고 헬라인에게라
11 이는 하나님께서 외모로 사람
을 취하지 아니하심이라
12 무릇 율법 없이 범죄한 자는
또한 율법 없이 망하고 무릇
율법이 있고 범죄한 자는 율법
으로 말미암아 심판을 받으리
라
13 하나님 앞에서는 율법을 듣는
자가 의인이 아니요 오직 율법
을 행하는 자라야 의롭다 하심
을 얻으리니
14 (율법 없는 이방인이 본성으로
율법의 일을 행할 때에는 이
사람은 율법이 없어도 자기가
자기에게 율법이 되나니
15 이런 이들은 그 양심이 증거가
되어 그 생각들이 서로 혹은 고
발하며 혹은 변명하여 그 마음
에 새긴 율법의 행위를 나타내
느니라)
16 곧 나의 복음에 이른 바와 같
이 하나님이 예수 그리스도로
말미암아 사람들의 은밀한 것
을 심판하시는 그날이라

유대인과 율법

17 유대인이라 불리는 네가 율법
을 의지하며 하나님을 자랑하
며
18 율법의 교훈을 받아 하나님의
뜻을 알고 지극히 선한 것을
분간하며
19 맹인의 길을 인도하는 자요 어
둠에 있는 자의 빛이요
20 율법에 있는 지식과 진리의 모
본을 가진 자로서 어리석은 자
의 교사요 어린아이의 선생이
라고 스스로 믿으니
21 그러면 다른 사람을 가르치는
네가 네 자신은 가르치지 아니
하느냐 도둑질하지 말라 선포
하는 네가 도둑질하느냐

22 간음하지 말라 말하는 네가 간
음하느냐 우상을 가증히 여기
는 네가 신전 물건을 도둑질하
느냐
23 율법을 자랑하는 네가 율법을
범함으로 하나님을 욕되게 하느
냐
24 기록된 바와 같이 하나님의 이
름이 너희 때문에 이방인 중에
서 모독을 받는도다
25 네가 율법을 행하면 할례가
유익하나 만일 율법을 범하면
네 할례는 무할례가 되느니라
26 그런즉 무할례자가 율법의 규
례를 지키면 그 무할례를 할
례와 같이 여길 것이 아니냐
27 또한 본래 무할례자가 율법을
온전히 지키면 율법 조문과 할
례를 가지고 율법을 범하는 너
를 정죄하지 아니하겠느냐
28 무릇 표면적 유대인이 유대인
이 아니요 표면적 육신의 할례
가 할례가 아니니라
29 오직 이면적 유대인이 유대인
이며 할례는 마음에 할지니 영
에 있고 율법 조문에 있지 아
니한 것이라 그 칭찬이 사람에
게서가 아니요 다만 하나님에
게서니라

3 그런즉 유대인의 나음이 무엇
이며 할례의 유익이 무엇이냐
2 범사에 많으니 우선은 그들이
하나님의 말씀을 맡았음이니라
3 어떤 자들이 믿지 아니하였으
면 어찌하리요 그 믿지 아니함
이 하나님의 미쁘심을 폐하겠
느냐
4 그럴 수 없느니라 사람은 다
거짓되되 오직 하나님은 참되
시다 할지어다 기록된 바
주께서 주의 말씀에 의롭다
함을 얻으시고 판단받으실
때에 이기려 하심이라
함과 같으니라
5 그러나 우리 불의가 하나님의
의를 드러나게 하면 무슨 말
하리요 [내가 사람의 말하는
대로 말하노니] 진노를 내리시
는 하나님이 불의하시냐
6 결코 그렇지 아니하니라 만일
그러하면 하나님께서 어찌 세
상을 심판하시리요
7 그러나 나의 거짓말로 하나님
의 참되심이 더 풍성하여 그의
영광이 되었다면 어찌 내가 죄
인처럼 심판을 받으리요

8 또는 그러면 선을 이루기 위하
여 악을 행하자 하지 않겠느
냐 어떤 이들이 이렇게 비방하
여 우리가 이런 말을 한다고
하니 그들은 정죄받는 것이 마
땅하니라

다 죄 아래에 있다

9 그러면 어떠하냐 우리는 나으
냐 결코 아니라 유대인이나 헬
라인이나 다 죄 아래에 있다
고 우리가 이미 선언하였느니
라
10 기록된 바
의인은 없나니 하나도 없으며
11 깨닫는 자도 없고 하나님을
찾는 자도 없고
12 다 치우쳐 함께 무익하게 되
고 선을 행하는 자는 없나니
하나도 없도다
13 그들의 목구멍은 열린 무덤
이요 그 혀로는 속임을 일삼
으며 그 입술에는 독사의 독
이 있고
14 그 입에는 저주와 악독이 가
득하고
15 그 발은 피 흘리는 데 빠른
지라
16 파멸과 고생이 그 길에 있어
17 평강의 길을 알지 못하였고
18 그들의 눈앞에 하나님을 두
려워함이 없느니라
함과 같으니라

하나님의 의

19 우리가 알거니와 무릇 율법이
말하는 바는 율법 아래에 있는
자들에게 말하는 것이니 이는
모든 입을 막고 온 세상으로
하나님의 심판 아래에 있게 하
려 함이라
20 그러므로 율법의 행위로 그의
앞에 의롭다 하심을 얻을 육체
가 없나니 율법으로는 죄를 깨
달음이니라
21 이제는 율법 외에 하나님의 한
의가 나타났으니 율법과 선지
자들에게 증거를 받은 것이라
22 곧 예수 그리스도를 믿음으로
말미암아 모든 믿는 자에게 미
치는 하나님의 의니 차별이 없
느니라
23 모든 사람이 죄를 범하였으매
하나님의 영광에 이르지 못하
더니
24 그리스도 예수 안에 있는 속량
으로 말미암아 하나님의 은혜
로 값없이 의롭다 하심을 얻은

자 되었느니라
25 이 예수를 하나님이 그의 피로
써 믿음으로 말미암는 화목제
물로 세우셨으니 이는 하나님
께서 길이 참으시는 중에 전에
지은 죄를 간과하심으로 자기
의 의로우심을 나타내려 하심이
니
26 곧 이때에 자기의 의로우심을
나타내사 자기도 의로우시며
또한 예수 믿는 자를 의롭다
하려 하심이라
27 그런즉 자랑할 데가 어디냐
있을 수가 없느니라 무슨 법으
로냐 행위로냐 아니라 오직 믿
음의 법으로니라
28 그러므로 사람이 의롭다 하심을
얻는 것은 율법의 행위에 있지
않고 믿음으로 되는 줄 우리가
인정하노라
29 하나님은 다만 유대인의 하나
님이시냐 또한 이방인의 하나
님은 아니시냐 진실로 이방인
의 하나님도 되시느니라
30 할례자도 믿음으로 말미암아
또한 무할례자도 믿음으로 말
미암아 의롭다 하실 하나님은
한 분이시니라
31 그런즉 우리가 믿음으로 말미암
아 율법을 파기하느냐 그럴 수
없느니라 도리어 율법을 굳게
세우느니라

아브라함의 믿음과 그로 말미암은 언약

4 그런즉 육신으로 우리 조상인
아브라함이 무엇을 얻었다
하리요
2 만일 아브라함이 행위로써 의
롭다 하심을 받았으면 자랑할
것이 있으려니와 하나님 앞에
서는 없느니라
3 성경이 무엇을 말하느냐 아브
라함이 하나님을 믿으매 그것
이 그에게 의로 여겨진 바 되
었느니라
4 일하는 자에게는 그 삯이 은혜
로 여겨지지 아니하고 보수로
여겨지거니와
5 일을 아니할지라도 경건하지
아니한 자를 의롭다 하시는 이
를 믿는 자에게는 그의 믿음을
의로 여기시나니
6 일한 것이 없이 하나님께 의로
여기심을 받는 사람의 복에 대
하여 다윗이 말한 바
7 불법이 사함을 받고 죄가 가
리어짐을 받는 사람들은 복

이 있고
8 주께서 그 죄를 인정하지 아
니하실 사람은 복이 있도다
함과 같으니라
9 그런즉 이 복이 할례자에게냐
혹은 무할례자에게도냐 무릇
우리가 말하기를 아브라함에
게는 그 믿음이 의로 여겨졌다
하노라
10 그런즉 그것이 어떻게 여겨졌
느냐 할례시냐 무할례시냐 할
례시가 아니요 무할례시니라
11 그가 할례의 표를 받은 것은
무할례시에 믿음으로 된 의를
인친 것이니 이는 무할례자로
서 믿는 모든 자의 조상이 되
어 그들도 의로 여기심을 얻게
하려 하심이라
12 또한 할례자의 조상이 되었나
니 곧 할례받을 자에게뿐 아
니라 우리 조상 아브라함이 무
할례시에 가졌던 믿음의 자취
를 따르는 자들에게도 그러하
니라
13 아브라함이나 그 후손에게 세
상의 상속자가 되리라고 하신
언약은 율법으로 말미암은 것
이 아니요 오직 믿음의 의로 말
미암은 것이니라
14 만일 율법에 속한 자들이 상속
자이면 믿음은 헛것이 되고 약
속은 파기되었느니라
15 율법은 진노를 이루게 하나니
율법이 없는 곳에는 범법도 없
느니라
16 그러므로 상속자가 되는 그것
이 은혜에 속하기 위하여 믿음
으로 되나니 이는 그 약속을 그
모든 후손에게 굳게 하려 하심
이라 율법에 속한 자에게뿐만
아니라 아브라함의 믿음에 속
한 자에게도 그러하니 아브라함
은 우리 모든 사람의 조상이라
17 기록된 바 내가 너를 많은 민
족의 조상으로 세웠다 하심과
같으니 그가 믿은 바 하나님은
죽은 자를 살리시며 없는 것을
있는 것으로 부르시는 이시니라
18 아브라함이 바랄 수 없는 중에
바라고 믿었으니 이는 네 후손
이 이같으리라 하신 말씀대로
많은 민족의 조상이 되게 하려
하심이라
19 그가 백 세나 되어 자기 몸이
죽은 것 같고 사라의 태가 죽
은 것 같음을 알고도 믿음이

약하여지지 아니하고
20 믿음이 없어 하나님의 약속을
의심하지 않고 믿음으로 견고하
여져서 하나님께 영광을 돌리
며
21 약속하신 그것을 또한 능히 이
루실 줄을 확신하였으니
22 그러므로 그것이 그에게 의로
여겨졌느니라
23 그에게 의로 여겨졌다 기록된
것은 아브라함만 위한 것이 아
니요
24 의로 여기심을 받을 우리도 위
함이니 곧 예수 우리 주를 죽
은 자 가운데서 살리신 이를
믿는 자니라
25 예수는 우리가 범죄한 것 때
문에 내줌이 되고 또한 우리를
의롭다 하시기 위하여 살아나
셨느니라

의롭다 하심을 받은 사람의 삶

5 그러므로 우리가 믿음으로 의
롭다 하심을 받았으니 우리
주 예수 그리스도로 말미암아
하나님과 화평을 누리자
2 또한 그로 말미암아 우리가 믿
음으로 서있는 이 은혜에 들어
감을 얻었으며 하나님의 영광
을 바라고 즐거워하느니라
3 다만 이뿐 아니라 우리가 환난
중에도 즐거워하나니 이는 환
난은 인내를,
4 인내는 연단을, 연단은 소망을
이루는 줄 앎이로다
5 소망이 우리를 부끄럽게 하지
아니함은 우리에게 주신 성령
으로 말미암아 하나님의 사랑
이 우리 마음에 부은 바 됨이
니
6 우리가 아직 연약할 때에 기
약대로 그리스도께서 경건하지
않은 자를 위하여 죽으셨도다
7 의인을 위하여 죽는 자가 쉽지
않고 선인을 위하여 용감히 죽
는 자가 혹 있거니와
8 우리가 아직 죄인 되었을 때
에 그리스도께서 우리를 위하여
죽으심으로 하나님께서 우리에
대한 자기의 사랑을 확증하셨
느니라
9 그러면 이제 우리가 그의 피로
말미암아 의롭다 하심을 받았
으니 더욱 그로 말미암아 진노
하심에서 구원을 받을 것이니
10 곧 우리가 원수되었을 때에 그
의 아들의 죽으심으로 말미암

아 하나님과 화목하게 되었은
즉 화목하게 된 자로서는 더욱
그의 살아나심으로 말미암아 구
원을 받을 것이니라
11 그뿐 아니라 이제 우리로 화목
하게 하신 우리 주 예수 그리
스도로 말미암아 하나님 안에
서 또한 즐거워하느니라

아담과 그리스도

12 그러므로 한 사람으로 말미암
아 죄가 세상에 들어오고 죄로
말미암아 사망이 들어왔나니
이와 같이 모든 사람이 죄를
지었으므로 사망이 모든 사람에
게 이르렀느니라
13 죄가 율법 있기 전에도 세상에
있었으나 율법이 없었을 때에
는 죄를 죄로 여기지 아니하였
느니라
14 그러나 아담으로부터 모세까지
아담의 범죄와 같은 죄를 짓지
아니한 자들까지도 사망이 왕
노릇 하였나니 아담은 오실 자
의 모형이라
15 그러나 이 은사는 그 범죄와
같지 아니하니 곧 한 사람의
범죄를 인하여 많은 사람이 죽
었은즉 더욱 하나님의 은혜와
또한 한 사람 예수 그리스도의
은혜로 말미암은 선물은 많은
사람에게 넘쳤느니라
16 또 이 선물은 범죄한 한 사람
으로 말미암은 것과 같지 아니
하니 심판은 한 사람으로 말미
암아 정죄에 이르렀으나 은사
는 많은 범죄로 말미암아 의롭
다 하심에 이름이니라
17 한 사람의 범죄로 말미암아 사
망이 그 한 사람을 통하여 왕
노릇 하였은즉 더욱 은혜와 의
의 선물을 넘치게 받는 자들은
한 분 예수 그리스도를 통하여
생명 안에서 왕 노릇 하리로다
18 그런즉 한 범죄로 많은 사람이
정죄에 이른 것같이 한 의로운
행위로 말미암아 많은 사람이
의롭다 하심을 받아 생명에 이
르렀느니라
19 한 사람이 순종하지 아니함으
로 많은 사람이 죄인된 것같
이 한 사람이 순종하심으로 많
은 사람이 의인이 되리라
20 율법이 들어온 것은 범죄를 더
하게 하려 함이라 그러나 죄가
더한 곳에 은혜가 더욱 넘쳤나
니

21 이는 죄가 사망 안에서 왕 노
릇 한 것같이 은혜도 또한 의
로 말미암아 왕 노릇 하여 우
리 주 예수 그리스도로 말미암
아 영생에 이르게 하려 함이라

그리스도와 함께 죽고 함께 산다

6 그런즉 우리가 무슨 말을 하
리요 은혜를 더하게 하려고
죄에 거하겠느냐
2 그럴 수 없느니라 죄에 대하여
죽은 우리가 어찌 그 가운데
더 살리요
3 무릇 그리스도 예수와 합하여
세례를 받은 우리는 그의 죽으
심과 합하여 세례를 받은 줄
을 알지 못하느냐
4 그러므로 우리가 그의 죽으심과
합하여 세례를 받음으로 그와
함께 장사되었나니 이는 아버
지의 영광으로 말미암아 그리스
도를 죽은 자 가운데서 살리심
과 같이 우리로 또한 새 생명
가운데서 행하게 하려 함이라
5 만일 우리가 그의 죽으심과 같
은 모양으로 연합한 자가 되었
으면 또한 그의 부활과 같은
모양으로 연합한 자도 되리라
6 우리가 알거니와 우리의 옛사
람이 예수와 함께 십자가에 못
박힌 것은 죄의 몸이 죽어 다
시는 우리가 죄에게 종노릇하
지 아니하려 함이니
7 이는 죽은 자가 죄에서 벗어나
의롭다 하심을 얻었음이라
8 만일 우리가 그리스도와 함께
죽었으면 또한 그와 함께 살
줄을 믿노니
9 이는 그리스도께서 죽은 자 가
운데서 살아나셨으매 다시 죽
지 아니하시고 사망이 다시 그
를 주장하지 못할 줄을 앎이로
라
10 그가 죽으심은 죄에 대하여 단
번에 죽으심이요 그가 살아계
심은 하나님께 대하여 살아계
심이니
11 이와 같이 너희도 너희 자신을
죄에 대하여는 죽은 자요 그리
스도 예수 안에서 하나님께 대
하여는 살아있는 자로 여길지
어다
12 그러므로 너희는 죄가 너희 죽
을 몸을 지배하지 못하게 하여
몸의 사욕에 순종하지 말고
13 또한 너희 지체를 불의의 무기
로 죄에게 내주지 말고 오직

너희 자신을 죽은 자 가운데서
다시 살아난 자같이 하나님께
드리며 너희 지체를 의의 무기
로 하나님께 드리라
14 죄가 너희를 주장하지 못하리
니 이는 너희가 법 아래에 있
지 아니하고 은혜 아래에 있음
이라

의의 종

15 그런즉 어찌하리요 우리가 법
아래에 있지 아니하고 은혜 아
래에 있으니 죄를 지으리요 그
럴 수 없느니라
16 너희 자신을 종으로 내주어 누
구에게 순종하든지 그 순종함
을 받는 자의 종이 되는 줄을
너희가 알지 못하느냐 혹은 죄
의 종으로 사망에 이르고 혹은
순종의 종으로 의에 이르느니라
17 하나님께 감사하리로다 너희가
본래 죄의 종이더니 너희에게
전하여 준 바 교훈의 본을 마
음으로 순종하여
18 죄로부터 해방되어 의에게 종
이 되었느니라
19 너희 육신이 연약하므로 내가
사람의 예대로 말하노니 전에
너희가 너희 지체를 부정과 불
법에 내주어 불법에 이른 것같
이 이제는 너희 지체를 의에게
종으로 내주어 거룩함에 이르라
20 너희가 죄의 종이 되었을 때에
는 의에 대하여 자유로웠느니
라
21 너희가 그때에 무슨 열매를 얻
었느냐 이제는 너희가 그 일을
부끄러워하나니 이는 그 마지
막이 사망임이라
22 그러나 이제는 너희가 죄로부
터 해방되고 하나님께 종이 되
어 거룩함에 이르는 열매를 맺
었으니 그 마지막은 영생이라
23 죄의 삯은 사망이요 하나님의
은사는 그리스도 예수 우리 주
안에 있는 영생이니라

혼인 관계로 비유한 율법과 죄

7 형제들아 내가 법 아는 자들
에게 말하노니 너희는 그 법
이 사람이 살 동안만 그를 주
관하는 줄 알지 못하느냐
2 남편 있는 여인이 그 남편 생
전에는 법으로 그에게 매인 바
되나 만일 그 남편이 죽으면
남편의 법에서 벗어나느니라
3 그러므로 만일 그 남편 생전에
다른 남자에게 가면 음녀라 그

러나 만일 남편이 죽으면 그
법에서 자유롭게 되나니 다른
남자에게 갈지라도 음녀가 되
지 아니하느니라
4 그러므로 내 형제들아 너희도
그리스도의 몸으로 말미암아 율
법에 대하여 죽임을 당하였으
니 이는 다른 이 곧 죽은 자
가운데서 살아나신 이에게 가
서 우리가 하나님을 위하여 열
매를 맺게 하려 함이라
5 우리가 육신에 있을 때에는 율
법으로 말미암는 죄의 정욕이
우리 지체 중에 역사하여 우리
로 사망을 위하여 열매를 맺게
하였더니
6 이제는 우리가 얽매였던 것에
대하여 죽었으므로 율법에서 벗
어났으니 이러므로 우리가 영의
새로운 것으로 섬길 것이요 율
법 조문의 묵은 것으로 아니할
지니라
7 그런즉 우리가 무슨 말을 하리
요 율법이 죄냐 그럴 수 없느니
라 율법으로 말미암지 않고는
내가 죄를 알지 못하였으니 곧
율법이 탐내지 말라 하지 아니
하였더라면 내가 탐심을 알지
못하였으리라
8 그러나 죄가 기회를 타서 계명
으로 말미암아 내 속에서 온갖
탐심을 이루었나니 이는 율법이
없으면 죄가 죽은 것임이라
9 전에 율법을 깨닫지 못했을
때에는 내가 살았더니 계명이
이르매 죄는 살아나고 나는 죽
었도다
10 생명에 이르게 할 그 계명이
내게 대하여 도리어 사망에 이
르게 하는 것이 되었도다
11 죄가 기회를 타서 계명으로 말
미암아 나를 속이고 그것으로
나를 죽였는지라
12 이로 보건대 율법은 거룩하고
계명도 거룩하고 의로우며 선
하도다
13 그런즉 선한 것이 내게 사망
이 되었느냐 그럴 수 없느니라
오직 죄가 죄로 드러나기 위하
여 선한 그것으로 말미암아 나
를 죽게 만들었으니 이는 계명
으로 말미암아 죄로 심히 죄 되
게 하려 함이라
14 우리가 율법은 신령한 줄 알거
니와 나는 육신에 속하여 죄
아래에 팔렸도다

15 내가 행하는 것을 내가 알지
못하노니 곧 내가 원하는 것은
행하지 아니하고 도리어 미워
하는 것을 행함이라
16 만일 내가 원하지 아니하는 그
것을 행하면 내가 이로써 율법
이 선한 것을 시인하노니
17 이제는 그것을 행하는 자가 내
가 아니요 내 속에 거하는 죄
니라
18 내 속 곧 내 육신에 선한 것
이 거하지 아니하는 줄을 아노
니 원함은 내게 있으나 선을
행하는 것은 없노라
19 내가 원하는 바 선은 행하지
아니하고 도리어 원하지 아니
하는 바 악을 행하는도다
20 만일 내가 원하지 아니하는 그
것을 하면 이를 행하는 자는
내가 아니요 내 속에 거하는
죄니라
21 그러므로 내가 한 법을 깨달았
노니 곧 선을 행하기 원하는
나에게 악이 함께 있는 것이로
다
22 내 속사람으로는 하나님의 법
을 즐거워하되
23 내 지체 속에서 한 다른 법이
내 마음의 법과 싸워 내 지체
속에 있는 죄의 법으로 나를 사
로잡는 것을 보는도다
24 오호라 나는 곤고한 사람이로다
이 사망의 몸에서 누가 나를
건져내랴
25 우리 주 예수 그리스도로 말미
암아 하나님께 감사하리로다
그런즉 내 자신이 마음으로는
하나님의 법을 육신으로는 죄의
법을 섬기노라

생명의 성령의 법

8 그러므로 이제 그리스도 예수
안에 있는 자에게는 결코 정
죄함이 없나니
2 이는 그리스도 예수 안에 있는
생명의 성령의 법이 죄와 사망
의 법에서 너를 해방하였음이
라
3 율법이 육신으로 말미암아 연
약하여 할 수 없는 그것을 하
나님은 하시나니 곧 죄로 말미
암아 자기 아들을 죄 있는 육
신의 모양으로 보내어 육신에
죄를 정하사
4 육신을 따르지 않고 그 영을
따라 행하는 우리에게 율법의
요구가 이루어지게 하려 하심이

니라
5 육신을 따르는 자는 육신의 일
을, 영을 따르는 자는 영의 일
을 생각하나니
6 육신의 생각은 사망이요 영의
생각은 생명과 평안이니라
7 육신의 생각은 하나님과 원수
가 되나니 이는 하나님의 법에
굴복하지 아니할 뿐 아니라 할
수도 없음이라
8 육신에 있는 자들은 하나님을
기쁘시게 할 수 없느니라
9 만일 너희 속에 하나님의 영이
거하시면 너희가 육신에 있지
아니하고 영에 있나니 누구든지
그리스도의 영이 없으면 그리스
도의 사람이 아니라
10 또 그리스도께서 너희 안에 계
시면 몸은 죄로 말미암아 죽은
것이나 영은 의로 말미암아 살
아있는 것이니라
11 예수를 죽은 자 가운데서 살리
신 이의 영이 너희 안에 거하
시면 그리스도 예수를 죽은 자
가운데서 살리신 이가 너희 안
에 거하시는 그의 영으로 말미
암아 너희 죽을 몸도 살리시리
라
12 그러므로 형제들아 우리가 빚
진 자로되 육신에게 져서 육신
대로 살 것이 아니니라
13 너희가 육신대로 살면 반드시
죽을 것이로되 영으로써 몸의
행실을 죽이면 살리니
14 무릇 하나님의 영으로 인도함을
받는 사람은 곧 하나님의 아들
이라
15 너희는 다시 무서워하는 종의
영을 받지 아니하고 양자의 영
을 받았으므로 우리가 아빠 아
버지라고 부르짖느니라
16 성령이 친히 우리의 영과 더불
어 우리가 하나님의 자녀인 것
을 증언하시나니
17 자녀이면 또한 상속자 곧 하나
님의 상속자요 그리스도와 함께
한 상속자니 우리가 그와 함께
영광을 받기 위하여 고난도 함
께 받아야 할 것이니라

모든 피조물이 구원을 고대하다

18 생각하건대 현재의 고난은 장
차 우리에게 나타날 영광과 비
교할 수 없도다
19 피조물이 고대하는 바는 하나
님의 아들들이 나타나는 것이니
20 피조물이 허무한 데 굴복하는

것은 자기 뜻이 아니요 오직
굴복하게 하시는 이로 말미암음
이라
21 그 바라는 것은 피조물도 썩어
짐의 종노릇한 데서 해방되어
하나님의 자녀들의 영광의 자
유에 이르는 것이니라
22 피조물이 다 이제까지 함께 탄
식하며 함께 고통을 겪고 있는
것을 우리가 아느니라
23 그뿐 아니라 또한 우리 곧 성
령의 처음 익은 열매를 받은
우리까지도 속으로 탄식하여 양
자 될 것 곧 우리 몸의 속량을
기다리느니라
24 우리가 소망으로 구원을 얻었으
매 보이는 소망이 소망이 아니
니 보는 것을 누가 바라리요
25 만일 우리가 보지 못하는 것을
바라면 참음으로 기다릴지니라
26 이와 같이 성령도 우리의 연약
함을 도우시나니 우리는 마땅
히 기도할 바를 알지 못하나
오직 성령이 말할 수 없는 탄
식으로 우리를 위하여 친히 간
구하시느니라
27 마음을 살피시는 이가 성령의
생각을 아시나니 이는 성령이
하나님의 뜻대로 성도를 위하
여 간구하심이니라
28 우리가 알거니와 하나님을 사
랑하는 자 곧 그의 뜻대로 부
르심을 입은 자들에게는 모든
것이 합력하여 선을 이루느니
라
29 하나님이 미리 아신 자들을 또
한 그 아들의 형상을 본받게
하기 위하여 미리 정하셨으니
이는 그로 많은 형제 중에서 맏
아들이 되게 하려 하심이니라
30 또 미리 정하신 그들을 또한
부르시고 부르신 그들을 또한
의롭다 하시고 의롭다 하신 그
들을 또한 영화롭게 하셨느니
라

그리스도의 사랑 하나님의 사랑

31 그런즉 이 일에 대하여 우리
가 무슨 말 하리요 만일 하나
님이 우리를 위하시면 누가 우
리를 대적하리요
32 자기 아들을 아끼지 아니하시
고 우리 모든 사람을 위하여
내주신 이가 어찌 그 아들과
함께 모든 것을 우리에게 주시
지 아니하겠느냐
33 누가 능히 하나님께서 택하신

자들을 고발하리요 의롭다 하
신 이는 하나님이시니
34 누가 정죄하리요 죽으실 뿐 아
니라 다시 살아나신 이는 그리
스도 예수시니 그는 하나님 우
편에 계신 자요 우리를 위하여
간구하시는 자시니라
35 누가 우리를 그리스도의 사랑에
서 끊으리요 환난이나 곤고나
박해나 기근이나 적신이나 위
험이나 칼이랴
36 기록된 바
우리가 종일 주를 위하여 죽
임을 당하게 되며 도살당할
양같이 여김을 받았나이다
함과 같으니라
37 그러나 이 모든 일에 우리를
사랑하시는 이로 말미암아 우
리가 넉넉히 이기느니라
38 내가 확신하노니 사망이나 생
명이나 천사들이나 권세자들이
나 현재 일이나 장래 일이나
능력이나
39 높음이나 깊음이나 다른 어떤
피조물이라도 우리를 우리 주
그리스도 예수 안에 있는 하나
님의 사랑에서 끊을 수 없으리
라

약속의 자녀 약속의 말씀

9 1-2 내가 그리스도 안에서 참
말을 하고 거짓말을 아니하
노라 나에게 큰 근심이 있는
것과 마음에 그치지 않는 고통
이 있는 것을 내 양심이 성령
안에서 나와 더불어 증언하노
니
3 나의 형제 곧 골육의 친척을
위하여 내 자신이 저주를 받아
그리스도에게서 끊어질지라도
원하는 바로라
4 그들은 이스라엘 사람이라 그
들에게는 양자 됨과 영광과
언약들과 율법을 세우신 것과
예배와 약속들이 있고
5 조상들도 그들의 것이요 육신으
로 하면 그리스도가 그들에게
서 나셨으니 그는 만물 위에
계셔서 세세에 찬양을 받으실
하나님이시니라 아멘
6 그러나 하나님의 말씀이 폐하
여진 것 같지 않도다 이스라엘
에게서 난 그들이 다 이스라엘
이 아니요
7 또한 아브라함의 씨가 다 그의
자녀가 아니라 오직 이삭으로부
터 난 자라야 네 씨라 불리리

라 하셨으니
8 곧 육신의 자녀가 하나님의 자
녀가 아니요 오직 약속의 자녀
가 씨로 여기심을 받느니라
9 약속의 말씀은 이것이니 명년
이때에 내가 이르리니 사라에
게 아들이 있으리라 하심이라
10 그뿐 아니라 또한 리브가가 우
리 조상 이삭 한 사람으로 말
미암아 임신하였는데
11 그 자식들이 아직 나지도 아니
하고 무슨 선이나 악을 행하지
아니한 때에 택하심을 따라
되는 하나님의 뜻이 행위로 말
미암지 않고 오직 부르시는 이
로 말미암아 서게 하려 하사
12 리브가에게 이르시되 큰 자가
어린 자를 섬기리라 하셨나니
13 기록된 바 내가 야곱은 사랑하
고 에서는 미워하였다 하심과
같으니라
14 그런즉 우리가 무슨 말을 하리
요 하나님께 불의가 있느냐 그
럴 수 없느니라
15 모세에게 이르시되 내가 긍휼
히 여길 자를 긍휼히 여기고
불쌍히 여길 자를 불쌍히 여기
리라 하셨으니
16 그런즉 원하는 자로 말미암음
도 아니요 달음박질하는 자로
말미암음도 아니요 오직 긍휼히
여기시는 하나님으로 말미암음
이니라
17 성경이 바로에게 이르시되 내
가 이 일을 위하여 너를 세웠
으니 곧 너로 말미암아 내 능력
을 보이고 내 이름이 온 땅에
전파되게 하려 함이라 하셨으
니
18 그런즉 하나님께서 하고자 하
시는 자를 긍휼히 여기시고 하
고자 하시는 자를 완악하게 하
시느니라

하나님의 진노와 긍휼

19 혹 네가 내게 말하기를 그러면
하나님이 어찌하여 허물하시느
냐 누가 그 뜻을 대적하느냐
하리니
20 이 사람아 네가 누구이기에 감
히 하나님께 반문하느냐 지음
을 받은 물건이 지은 자에게
어찌 나를 이같이 만들었느냐
말하겠느냐
21 토기장이가 진흙 한 덩이로 하
나는 귀히 쓸 그릇을, 하나는
천히 쓸 그릇을 만들 권한이

없느냐
22 만일 하나님이 그의 진노를 보
이시고 그의 능력을 알게 하고
자 하사 멸하기로 준비된 진노
의 그릇을 오래 참으심으로 관
용하시고
23 또한 영광받기로 예비하신 바
긍휼의 그릇에 대하여 그 영광
의 풍성함을 알게 하고자 하셨
을지라도 무슨 말을 하리요
24 이 그릇은 우리니 곧 유대인
중에서뿐 아니라 이방인 중에서
도 부르신 자니라
25 호세아의 글에도 이르기를
내가 내 백성 아닌 자를 내
백성이라, 사랑하지 아니한
자를 사랑한 자라 부르리라
26 너희는 내 백성이 아니라 한
그곳에서 그들이 살아계신
하나님의 아들이라 일컬음을
받으리라
함과 같으니라
27 또 이사야가 이스라엘에 관하
여 외치되 이스라엘 자손들의
수가 비록 바다의 모래 같을지
라도 남은 자만 구원을 받으리
니
28 주께서 땅 위에서 그 말씀을
이루고 속히 시행하시리라 하셨
느니라
29 또한 이사야가 미리 말한 바
만일 만군의 주께서 우리에
게 씨를 남겨두지 아니하셨
더라면 우리가 소돔과 같이
되고 고모라와 같았으리로다
함과 같으니라

믿음에서 난 의

30 그런즉 우리가 무슨 말을 하리
요 의를 따르지 아니한 이방인
들이 의를 얻었으니 곧 믿음에
서 난 의요
31 의의 법을 따라간 이스라엘은
율법에 이르지 못하였으니
32 어찌 그러하냐 이는 그들이 믿
음을 의지하지 않고 행위를 의
지함이라 부딪칠 돌에 부딪쳤
느니라
33 기록된 바
보라 내가 걸림돌과 거치는
바위를 시온에 두노니 그를
믿는 자는 부끄러움을 당하
지 아니하리라
함과 같으니라

10 형제들아 내 마음에 원하는
바와 하나님께 구하는 바는
이스라엘을 위함이니 곧 그들로

구원을 받게 함이라
2 내가 증언하노니 그들이 하나
님께 열심이 있으나 올바른 지
식을 따른 것이 아니니라
3 하나님의 의를 모르고 자기 의
를 세우려고 힘써 하나님의 의
에 복종하지 아니하였느니라
4 그리스도는 모든 믿는 자에게
의를 이루기 위하여 율법의 마
침이 되시니라
5 모세가 기록하되 율법으로 말미
암는 의를 행하는 사람은 그
의로 살리라 하였거니와
6 믿음으로 말미암는 의는 이같이
말하되 네 마음에 누가 하늘에
올라가겠느냐 하지 말라 하니
올라가겠느냐 함은 그리스도를
모셔 내리려는 것이요
7 혹은 누가 무저갱에 내려가겠
느냐 하지 말라 하니 내려가
겠느냐 함은 그리스도를 죽은
자 가운데서 모셔 올리려는 것
이라
8 그러면 무엇을 말하느냐 말씀
이 네게 가까워 네 입에 있으
며 네 마음에 있다 하였으니
곧 우리가 전파하는 믿음의 말
씀이라
9 네가 만일 네 입으로 예수를 주
로 시인하며 또 하나님께서 그
를 죽은 자 가운데서 살리신
것을 네 마음에 믿으면 구원을
받으리라
10 사람이 마음으로 믿어 의에 이
르고 입으로 시인하여 구원에
이르느니라
11 성경에 이르되 누구든지 그를
믿는 자는 부끄러움을 당하지
아니하리라 하니
12 유대인이나 헬라인이나 차별
이 없음이라 한 분이신 주께서
모든 사람의 주가 되사 그를
부르는 모든 사람에게 부요하시
도다
13 누구든지 주의 이름을 부르는
자는 구원을 받으리라
14 그런즉 그들이 믿지 아니하는
이를 어찌 부르리요 듣지도 못
한 이를 어찌 믿으리요 전파하
는 자가 없이 어찌 들으리요
15 보내심을 받지 아니하였으면 어
찌 전파하리요 기록된 바 아름
답도다 좋은 소식을 전하는 자
들의 발이여 함과 같으니라

믿음과 들음과 그리스도의 말씀

16 그러나 그들이 다 복음을 순종

하지 아니하였도다 이사야가
이르되 주여 우리가 전한 것을
누가 믿었나이까 하였으니
17 그러므로 믿음은 들음에서 나며
들음은 그리스도의 말씀으로 말
미암았느니라
18 그러나 내가 말하노니 그들이
듣지 아니하였느냐 그렇지 아
니하니
그 소리가 온 땅에 퍼졌고
그 말씀이 땅끝까지 이르렀
도다
하였느니라
19 그러나 내가 말하노니 이스라
엘이 알지 못하였느냐 먼저 모
세가 이르되
내가 백성 아닌 자로써 너희
를 시기하게 하며 미련한 백
성으로써 너희를 노엽게 하리
라
하였고
20 이사야는 매우 담대하여
내가 나를 찾지 아니한 자들
에게 찾은 바 되고 내게 묻
지 아니한 자들에게 나타났
노라
말하였고
21 이스라엘에 대하여 이르되 순
종하지 아니하고 거슬러 말하
는 백성에게 내가 종일 내 손
을 벌렸노라 하였느니라

이스라엘의 남은 자

11 그러므로 내가 말하노니 하나
님이 자기 백성을 버리셨느
냐 그럴 수 없느니라 나도 이스
라엘인이요 아브라함의 씨에서
난 자요 베냐민 지파라
2 하나님이 그 미리 아신 자기
백성을 버리지 아니하셨나니 너
희가 성경이 엘리야를 가리켜
말한 것을 알지 못하느냐 그가
이스라엘을 하나님께 고발하되
3 주여 그들이 주의 선지자들을
죽였으며 주의 제단들을 헐어
버렸고 나만 남았는데 내 목숨
도 찾나이다 하니
4 그에게 하신 대답이 무엇이냐
내가 나를 위하여 바알에게 무
릎을 꿇지 아니한 사람 칠천
명을 남겨두었다 하셨으니
5 그런즉 이와 같이 지금도 은혜
로 택하심을 따라 남은 자가
있느니라
6 만일 은혜로 된 것이면 행위로
말미암지 않음이니 그렇지 않으
면 은혜가 은혜 되지 못하느니

라
7 그런즉 어떠하냐 이스라엘이
구하는 그것을 얻지 못하고 오
직 택하심을 입은 자가 얻었고
그 남은 자들은 우둔하여졌느
니라
8 기록된 바 하나님이 오늘까지
그들에게 혼미한 심령과 보지
못할 눈과 듣지 못할 귀를 주
셨다 함과 같으니라
9 또 다윗이 이르되
그들의 밥상이 올무와 덫과
거치는 것과 보응이 되게 하
시옵고
10 그들의 눈은 흐려 보지 못하
고 그들의 등은 항상 굽게
하옵소서
하였느니라
11 그러므로 내가 말하노니 그들이
넘어지기까지 실족하였느냐 그
럴 수 없느니라 그들이 넘어짐
으로 구원이 이방인에게 이르
러 이스라엘로 시기나게 함이니
라
12 그들의 넘어짐이 세상의 풍성함
이 되며 그들의 실패가 이방인
의 풍성함이 되거든 하물며 그
들의 충만함이리요

이방인의 구원

13 내가 이방인인 너희에게 말하
노라 내가 이방인의 사도인 만
큼 내 직분을 영광스럽게 여기
노니
14 이는 혹 내 골육을 아무쪼록 시
기하게 하여 그들 중에서 얼마
를 구원하려 함이라
15 그들을 버리는 것이 세상의 화
목이 되거든 그 받아들이는 것
이 죽은 자 가운데서 살아나는
것이 아니면 무엇이리요
16 제사하는 처음 익은 곡식 가루
가 거룩한즉 떡덩이도 그러하
고 뿌리가 거룩한즉 가지도 그
러하니라
17 또한 가지 얼마가 꺾이었는데
돌감람나무인 네가 그들 중에
접붙임이 되어 참감람나무 뿌
리의 진액을 함께 받는 자가
되었은즉
18 그 가지들을 향하여 자랑하지
말라 자랑할지라도 네가 뿌리
를 보전하는 것이 아니요 뿌리
가 너를 보전하는 것이니라
19 그러면 네 말이 가지들이 꺾인
것은 나로 접붙임을 받게 하려
함이라 하리니

20 옳도다 그들은 믿지 아니하므로
꺾이고 너는 믿으므로 섰느니라
높은 마음을 품지 말고 도리어
두려워하라
21 하나님이 원 가지들도 아끼지
아니하셨은즉 너도 아끼지 아
니하시리라
22 그러므로 하나님의 인자하심과
준엄하심을 보라 넘어지는 자
들에게는 준엄하심이 있으니 너
희가 만일 하나님의 인자하심
에 머물러 있으면 그 인자가
너희에게 있으리라 그렇지 않으
면 너도 찍히는 바 되리라
23 그들도 믿지 아니하는 데 머무
르지 아니하면 접붙임을 받으리
니 이는 그들을 접붙이실 능력
이 하나님께 있음이라
24 네가 원 돌감람나무에서 찍힘
을 받고 본성을 거슬러 좋은
감람나무에 접붙임을 받았으니
원 가지인 이 사람들이야 얼마
나 더 자기 감람나무에 접붙이
심을 받으랴

이스라엘의 구원

25 형제들아 너희가 스스로 지혜
있다 하면서 이 신비를 너희가
모르기를 내가 원하지 아니하노
니 이 신비는 이방인의 충만한
수가 들어오기까지 이스라엘의
더러는 우둔하게 된 것이라
26 그리하여 온 이스라엘이 구원
을 받으리라 기록된 바
구원자가 시온에서 오사 야
곱에게서 경건하지 않은 것
을 돌이키시겠고
27 내가 그들의 죄를 없이 할 때
에 그들에게 이루어질 내 언
약이 이것이라
함과 같으니라
28 복음으로 하면 그들이 너희로
말미암아 원수된 자요 택하심
으로 하면 조상들로 말미암아
사랑을 입은 자라
29 하나님의 은사와 부르심에는 후
회하심이 없느니라
30 너희가 전에는 하나님께 순종
하지 아니하더니 이스라엘이
순종하지 아니함으로 이제 긍휼
을 입었는지라
31 이와 같이 이 사람들이 순종하
지 아니하니 이는 너희에게 베
푸시는 긍휼로 이제 그들도 긍
휼을 얻게 하려 하심이라
32 하나님이 모든 사람을 순종하
지 아니하는 가운데 가두어 두

심은 모든 사람에게 긍휼을 베
풀려 하심이로다
33 깊도다 하나님의 지혜와 지식
의 풍성함이여. 그의 판단은 헤
아리지 못할 것이며 그의 길은
찾지 못할 것이로다
34 누가 주의 마음을 알았느냐 누
가 그의 모사가 되었느냐
35 누가 주께 먼저 드려서 갚으심
을 받겠느냐
36 이는 만물이 주에게서 나오고
주로 말미암고 주에게로 돌아
감이라 그에게 영광이 세세에
있을지어다 아멘

하나님의 뜻을 분별하는 새 생활

12 그러므로 형제들아 내가 하
나님의 모든 자비하심으로 너
희를 권하노니 너희 몸을 하나
님이 기뻐하시는 거룩한 산 제
물로 드리라 이는 너희가 드릴
영적 예배니라
2 너희는 이 세대를 본받지 말고
오직 마음을 새롭게 함으로 변
화를 받아 하나님의 선하시고
기뻐하시고 온전하신 뜻이 무
엇인지 분별하도록 하라
3 내게 주신 은혜로 말미암아 너
희 각 사람에게 말하노니 마
땅히 생각할 그 이상의 생각을
품지 말고 오직 하나님께서 각
사람에게 나누어 주신 믿음의
분량대로 지혜롭게 생각하라
4 우리가 한 몸에 많은 지체를
가졌으나 모든 지체가 같은 기
능을 가진 것이 아니니
5 이와 같이 우리 많은 사람이
그리스도 안에서 한 몸이 되어
서로 지체가 되었느니라
6 우리에게 주신 은혜대로 받은
은사가 각각 다르니 혹 예언이
면 믿음의 분수대로,
7 혹 섬기는 일이면 섬기는 일로,
혹 가르치는 자면 가르치는 일
로,
8 혹 위로하는 자면 위로하는 일
로, 구제하는 자는 성실함으로,
다스리는 자는 부지런함으로, 긍
휼을 베푸는 자는 즐거움으로
할 것이니라
9 사랑에는 거짓이 없나니 악을
미워하고 선에 속하라
10 형제를 사랑하여 서로 우애하
고 존경하기를 서로 먼저 하며
11 부지런하여 게으르지 말고 열
심을 품고 주를 섬기라
12 소망 중에 즐거워하며 환난 중

에 참으며 기도에 항상 힘쓰며
13 성도들의 쓸 것을 공급하며 손
대접하기를 힘쓰라

그리스도인의 생활

14 너희를 박해하는 자를 축복하
라 축복하고 저주하지 말라
15 즐거워하는 자들과 함께 즐거
워하고 우는 자들과 함께 울라
16 서로 마음을 같이하며 높은 데
마음을 두지 말고 도리어 낮은
데 처하며 스스로 지혜 있는
체 하지 말라
17 아무에게도 악을 악으로 갚지
말고 모든 사람 앞에서 선한
일을 도모하라
18 할 수 있거든 너희로서는 모든
사람과 더불어 화목하라
19 내 사랑하는 자들아 너희가 친
히 원수를 갚지 말고 하나님의
진노하심에 맡기라 기록되었으
되 원수 갚는 것이 내게 있으
니 내가 갚으리라고 주께서 말
씀하시니라
20 네 원수가 주리거든 먹이고 목
마르거든 마시게 하라 그리함으
로 네가 숯불을 그 머리에 쌓
아 놓으리라
21 악에게 지지 말고 선으로 악을
이기라

그리스도인과 세상 권세

13 각 사람은 위에 있는 권세들
에게 복종하라 권세는 하나
님으로부터 나지 않음이 없나니
모든 권세는 다 하나님께서 정
하신 바라
2 그러므로 권세를 거스르는 자
는 하나님의 명을 거스름이니
거스르는 자들은 심판을 자취
하리라
3 다스리는 자들은 선한 일에 대
하여 두려움이 되지 않고 악한
일에 대하여 되나니 네가 권
세를 두려워하지 아니하려느냐
선을 행하라 그리하면 그에게
칭찬을 받으리라
4 그는 하나님의 사역자가 되어
네게 선을 베푸는 자니라 그러
나 네가 악을 행하거든 두려워
하라 그가 공연히 칼을 가지지
아니하였으니 곧 하나님의 사
역자가 되어 악을 행하는 자에
게 진노하심을 따라 보응하는
자니라
5 그러므로 복종하지 아니할 수
없으니 진노 때문에 할 것이
아니라 양심을 따라 할 것이라

6 너희가 조세를 바치는 것도 이
로 말미암음이라 그들이 하나님
의 일꾼이 되어 바로 이 일에
항상 힘쓰느니라
7 모든 자에게 줄 것을 주되 조
세를 받을 자에게 조세를 바치
고 관세를 받을 자에게 관세
를 바치고 두려워할 자를 두려
워하며 존경할 자를 존경하라

사랑은 율법의 완성

8 피차 사랑의 빚 외에는 아무
에게든지 아무 빚도 지지 말라
남을 사랑하는 자는 율법을 다
이루었느니라
9 간음하지 말라. 살인하지 말라.
도둑질하지 말라. 탐내지 말라
한 것과 그 외에 다른 계명이
있을지라도 네 이웃을 네 자신
과 같이 사랑하라 하신 그 말
씀 가운데 다 들었느니라
10 사랑은 이웃에게 악을 행하지
아니하나니 그러므로 사랑은 율
법의 완성이니라

구원의 때가 가까워졌다

11 또한 너희가 이 시기를 알거니
와 자다가 깰 때가 벌써 되었
으니 이는 이제 우리의 구원이
처음 믿을 때보다 가까웠음이
라
12 밤이 깊고 낮이 가까웠으니 그
러므로 우리가 어둠의 일을 벗
고 빛의 갑옷을 입자
13 낮에와 같이 단정히 행하고 방
탕하거나 술 취하지 말며 음
란하거나 호색하지 말며 다투
거나 시기하지 말고
14 오직 주 예수 그리스도로 옷 입
고 정욕을 위하여 육신의 일을
도모하지 말라

형제를 비판하지 말라

14 믿음이 연약한 자를 너희가
받되 그의 의견을 비판하지
말라
2 어떤 사람은 모든 것을 먹을
만한 믿음이 있고 믿음이 연약
한 자는 채소만 먹느니라
3 먹는 자는 먹지 않는 자를 업
신여기지 말고 먹지 않는 자는
먹는 자를 비판하지 말라 이는
하나님이 그를 받으셨음이라
4 남의 하인을 비판하는 너는 누
구냐 그가 서있는 것이냐 넘어
지는 것이 자기 주인에게 있으
매 그가 세움을 받으리니 이는
그를 세우시는 권능이 주께 있
음이라

5 어떤 사람은 이날을 저날보다
낫게 여기고 어떤 사람은 모든
날을 같게 여기나니 각각 자기
마음으로 확정할지니라
6 날을 중히 여기는 자도 주를
위하여 중히 여기고 먹는 자도
주를 위하여 먹으니 이는 하나
님께 감사함이요 먹지 않는 자
도 주를 위하여 먹지 아니하며
하나님께 감사하느니라
7 우리 중에 누구든지 자기를 위
하여 사는 자가 없고 자기를
위하여 죽는 자도 없도다
8 우리가 살아도 주를 위하여 살
고 죽어도 주를 위하여 죽나니
그러므로 사나 죽으나 우리가
주의 것이로다
9 이를 위하여 그리스도께서 죽었
다가 다시 살아나셨으니 곧 죽
은 자와 산 자의 주가 되려
하심이라
10 네가 어찌하여 네 형제를 비판
하느냐 어찌하여 네 형제를 업
신여기느냐 우리가 다 하나님
의 심판대 앞에 서리라
11 기록되었으되
주께서 이르시되 내가 살았노
니 모든 무릎이 내게 꿇을 것
이요 모든 혀가 하나님께 자
백하리라
하였느니라
12 이러므로 우리 각 사람이 자기
일을 하나님께 직고하리라

형제로 거리끼게 하지 말라

13 그런즉 우리가 다시는 서로 비
판하지 말고 도리어 부딪칠 것
이나 거칠 것을 형제 앞에 두
지 아니하도록 주의하라
14 내가 주 예수 안에서 알고 확
신하노니 무엇이든지 스스로 속
된 것이 없으되 다만 속되게
여기는 그 사람에게는 속되니
라
15 만일 음식으로 말미암아 네 형
제가 근심하게 되면 이는 네
가 사랑으로 행하지 아니함이
라 그리스도께서 대신하여 죽으
신 형제를 네 음식으로 망하게
하지 말라
16 그러므로 너희의 선한 것이 비
방을 받지 않게 하라
17 하나님의 나라는 먹는 것과 마
시는 것이 아니요 오직 성령 안
에 있는 의와 평강과 희락이라
18 이로써 그리스도를 섬기는 자는
하나님을 기쁘시게 하며 사람

에게도 칭찬을 받느니라
19 그러므로 우리가 화평의 일과
서로 덕을 세우는 일을 힘쓰나
니
20 음식으로 말미암아 하나님의 사
업을 무너지게 하지 말라 만물
이 다 깨끗하되 거리낌으로 먹
는 사람에게는 악한 것이라
21 고기도 먹지 아니하고 포도주도
마시지 아니하고 무엇이든지 네
형제로 거리끼게 하는 일을 아
니함이 아름다우니라
22 네게 있는 믿음을 하나님 앞에
서 스스로 가지고 있으라 자기
가 옳다 하는 바로 자기를 정
죄하지 아니하는 자는 복이 있
도다
23 의심하고 먹는 자는 정죄되었
나니 이는 믿음을 따라 하지
아니하였기 때문이라 믿음을
따라 하지 아니하는 것은 다
죄니라

선을 이루고 덕을 세우라

15 믿음이 강한 우리는 마땅히
믿음이 약한 자의 약점을 담
당하고 자기를 기쁘게 하지 아
니할 것이라
2 우리 각 사람이 이웃을 기쁘게
하되 선을 이루고 덕을 세우도
록 할지니라
3 그리스도께서도 자기를 기쁘게
하지 아니하셨나니 기록된 바
주를 비방하는 자들의 비방이
내게 미쳤나이다 함과 같으니
라
4 무엇이든지 전에 기록된 바는
우리의 교훈을 위하여 기록된
것이니 우리로 하여금 인내로
또는 성경의 위로로 소망을 가
지게 함이니라
5 이제 인내와 위로의 하나님이
너희로 그리스도 예수를 본받아
서로 뜻이 같게 하여 주사
6 한마음과 한 입으로 하나님 곧
우리 주 예수 그리스도의 아버
지께 영광을 돌리게 하려 하노
라
7 그러므로 그리스도께서 우리를
받아 하나님께 영광을 돌리심
과 같이 너희도 서로 받으라
8 내가 말하노니 그리스도께서 하
나님의 진실하심을 위하여 할
례의 추종자가 되셨으니 이는
조상들에게 주신 약속들을 견
고하게 하시고
9 이방인들도 그 긍휼하심으로 말

미암아 하나님께 영광을 돌리
게 하려 하심이라 기록된 바
그러므로 내가 열방 중에서
주께 감사하고 주의 이름을
찬송하리로다
함과 같으니라
10 또 이르되
열방들아 주의 백성과 함께
즐거워하라
하였으며
11 또
모든 열방들아 주를 찬양하
며 모든 백성들아 그를 찬송
하라
하였으며
12 또 이사야가 이르되
이새의 뿌리 곧 열방을 다스
리기 위하여 일어나시는 이
가 있으리니 열방이 그에게
소망을 두리라
하였느니라
13 소망의 하나님이 모든 기쁨과
평강을 믿음 안에서 너희에게
충만하게 하사 성령의 능력으
로 소망이 넘치게 하시기를 원
하노라

하나님의 복음의 제사장 직분

14 내 형제들아 너희가 스스로 선
함이 가득하고 모든 지식이 차
서 능히 서로 권하는 자임을
나도 확신하노라
15 그러나 내가 너희로 다시 생각
나게 하려고 하나님께서 내게
주신 은혜로 말미암아 더욱 담
대히 대략 너희에게 썼노니
16 이 은혜는 곧 나로 이방인을
위하여 그리스도 예수의 일꾼
이 되어 하나님의 복음의 제사
장 직분을 하게 하사 이방인을
제물로 드리는 것이 성령 안에
서 거룩하게 되어 받으실 만하
게 하려 하심이라
17 그러므로 내가 그리스도 예수
안에서 하나님의 일에 대하여
자랑하는 것이 있거니와
18 그리스도께서 이방인들을 순종
하게 하기 위하여 나를 통하
여 역사하신 것 외에는 내가
감히 말하지 아니하노라 그 일
은 말과 행위로
19 표적과 기사의 능력으로 성령
의 능력으로 이루어졌으며 그리
하여 내가 예루살렘으로부터
두루 행하여 일루리곤까지 그
리스도의 복음을 편만하게 전
하였노라

20 또 내가 그리스도의 이름을 부
르는 곳에는 복음을 전하지 않
기를 힘썼노니 이는 남의 터 위
에 건축하지 아니하려 함이라
21 기록된 바
주의 소식을 받지 못한 자들
이 볼 것이요 듣지 못한 자들
이 깨달으리라
함과 같으니라

바울의 로마 방문 계획

22 그러므로 또한 내가 너희에게
가려 하던 것이 여러 번 막혔
더니
23 이제는 이 지방에 일할 곳이
없고 또 여러 해 전부터 언제
든지 서바나로 갈 때에 너희에
게 가기를 바라고 있었으니
24 이는 지나가는 길에 너희를 보
고 먼저 너희와 사귐으로 얼마
간 기쁨을 가진 후에 너희가
그리로 보내 주기를 바람이라
25 그러나 이제는 내가 성도를 섬
기는 일로 예루살렘에 가노니
26 이는 마게도냐와 아가야 사람
들이 예루살렘 성도 중 가난한
자들을 위하여 기쁘게 얼마를
연보하였음이라
27 저희가 기뻐서 하였거니와 또
한 저희는 그들에게 빚진 자
니 만일 이방인들이 그들의 영
적인 것을 나눠 가졌으면 육적
인 것으로 그들을 섬기는 것이
마땅하니라
28 그러므로 내가 이 일을 마치고
이 열매를 그들에게 확증한 후
에 너희에게 들렀다가 서바나
로 가리라
29 내가 너희에게 나아갈 때에 그
리스도의 충만한 복을 가지고
갈 줄을 아노라
30 형제들아 내가 우리 주 예수
그리스도와 성령의 사랑으로 말
미암아 너희를 권하노니 너희
기도에 나와 힘을 같이하여 나
를 위하여 하나님께 빌어
31 나로 유대에서 순종하지 아니
하는 자들로부터 건짐을 받게
하고 또 예루살렘에 대하여
내가 섬기는 일을 성도들이 받
을 만하게 하고
32 나로 하나님의 뜻을 따라 기쁨
으로 너희에게 나아가 너희와
함께 편히 쉬게 하라
33 평강의 하나님께서 너희 모든
사람과 함께 계실지어다 아
멘

인사

16 내가 겐그레아 교회의 일꾼
으로 있는 우리 자매 뵈뵈를
너희에게 추천하노니
2 너희는 주 안에서 성도들의 합
당한 예절로 그를 영접하고 무
엇이든지 그에게 소용되는 바
를 도와줄지니 이는 그가 여러
사람과 나의 보호자가 되었음이
라
3 너희는 그리스도 예수 안에서
나의 동역자들인 브리스가와
아굴라에게 문안하라
4 그들은 내 목숨을 위하여 자기
들의 목까지도 내놓았나니 나
뿐 아니라 이방인의 모든 교회
도 그들에게 감사하느니라
5 또 저의 집에 있는 교회에도 문
안하라 내가 사랑하는 에배네
도에게 문안하라 그는 아시아
에서 그리스도께 처음 맺은 열
매니라
6 너희를 위하여 많이 수고한 마
리아에게 문안하라
7 내 친척이요 나와 함께 갇혔
던 안드로니고와 유니아에게 문
안하라 그들은 사도들에게 존
중히 여겨지고 또한 나보다 먼
저 그리스도 안에 있는 자라
8 또 주 안에서 내 사랑하는 암
블리아에게 문안하라
9 그리스도 안에서 우리의 동역자
인 우르바노와 나의 사랑하는
스다구에게 문안하라
10 그리스도 안에서 인정함을 받
은 아벨레에게 문안하라 아리
스도불로의 권속에게 문안하라
11 내 친척 헤로디온에게 문안하
라 나깃수의 가족 중 주 안에
있는 자들에게 문안하라
12 주 안에서 수고한 드루배나와
드루보사에게 문안하라 주 안
에서 많이 수고하고 사랑하는
버시에게 문안하라
13 주 안에서 택하심을 입은 루포
와 그의 어머니에게 문안하라
그의 어머니는 곧 내 어머니니
라
14 아순그리도와 블레곤과 허메와
바드로바와 허마와 및 그들과
함께 있는 형제들에게 문안하
라
15 빌롤로고와 율리아와 또 네레
오와 그의 자매와 올름바와 그
들과 함께 있는 모든 성도에게
문안하라

16 너희가 거룩하게 입맞춤으로 서
로 문안하라 그리스도의 모든
교회가 다 너희에게 문안하느니
라
17 형제들아 내가 너희를 권하노
니 너희가 배운 교훈을 거슬러
분쟁을 일으키거나 거치게 하
는 자들을 살피고 그들에게서
떠나라
18 이 같은 자들은 우리 주 그리스
도를 섬기지 아니하고 다만 자
기들의 배만 섬기나니 교활한
말과 아첨하는 말로 순진한
자들의 마음을 미혹하느니라
19 너희의 순종함이 모든 사람에
게 들리는지라 그러므로 내가
너희로 말미암아 기뻐하노니 너
희가 선한 데 지혜롭고 악한
데 미련하기를 원하노라
20 평강의 하나님께서 속히 사탄
을 너희 발아래에서 상하게 하
시리라 우리 주 예수의 은혜가
너희에게 있을지어다

문안과 찬양

21 나의 동역자 디모데와 나의 친
척 누기오와 야손과 소시바더
가 너희에게 문안하느니라
22 이 편지를 기록하는 나 더디오
도 주 안에서 너희에게 문안하
노라
23 나와 온 교회를 돌보아주는 가
이오도 너희에게 문안하고 이
성의 재무관 에라스도와 형제
구아도도 너희에게 문안하느니
라
24 (없음)
25 나의 복음과 예수 그리스도를
전파함은 영세 전부터 감추어
졌다가
26 이제는 나타내신 바 되었으며
영원하신 하나님의 명을 따라
선지자들의 글로 말미암아 모
든 민족이 믿어 순종하게 하시
려고 알게 하신 바 그 신비의
계시를 따라 된 것이니 이 복
음으로 너희를 능히 견고하게
하실
27 지혜로우신 하나님께 예수 그
리스도로 말미암아 영광이 세세
무궁하도록 있을지어다 아멘

에베소서

주요 사건 연대

A.D.

예수님의 승천
(行 1:9–11)
A.D. 30

사울의 회심
(行 9:1–19)
A.D. 33

바울의 제1차 전도 여행
(行 13:1–14:28)
A.D. 47–49

예루살렘 공의회
(行 15:1–29)
A.D. 49

바울의 제2차 전도 여행
(行 15:36–18:21)
A.D. 49–51

바울의 제3차 전도 여행
(行 18:22–21:26)
A.D. 52–57

네로의 통치
A.D. 54–68

바울의 체포, 심문 및 호송
(行 21:27–28:16)
A.D. 58

바울의 로마 투옥과 전도
(갈 3:1; 비교. 行 28:17–31)
A.D. 60

로마 감옥에서 에베소서 기록
A.D. 62

바울과 베드로의 순교
A.D. 64–68

예루살렘의 멸망
A.D. 70

저자와 저작 연대

바울은 A.D. 61년 봄에 로마에 도착하여 감금된 후 63년까지 에베소서·빌립보서·골로새서·빌레몬서라는 4편의 서신을 썼는데, 일반적으로 '옥중서신'이라고 불린다. 에베소서·골로새서·빌레몬서는 에바브라가 골로새 교회의 소식을 갖고 왔던 62년경에 쓰여졌을 것이며, 빌립보서는 그 후 옥중 생활의 말기에 기록된 듯하다. 바울은 64년 로마에 대화재 사건이 있기 전에 잠시 석방되었다가 다시 투옥되어 목회 서신을 기록한 후, 65년경에 로마 옥중에서 순교한 것으로 전해진다.

기록 장소와 대상

로마의 감옥에서 썼으며, 에베소에 있는 그리스도인을 위해 썼다.

기록 목적

로마의 죄수로 갇혀 있던 바울은, 에베소 교회를 포함하여 당시 아시아의 교회들이 이방인과 유대인들로 섞여 있었기 때문에 늘 분열의 위험이 있다는 것을 깨달았다. 그래서 하나님이 감추셨던 비밀, 즉 그리스도 안에서 이방인과 유대인이 하나가 되어 한 몸(교회)을 이루는 것을 가르쳐 주고 싶었기 때문에 이 서신을 기록하였다.

핵심어 및 내용

에베소서의 핵심어는 "부요함"과 "하나됨"이다. 모든 성도들은 그리스도 안에서 그리스도의 부요함과 은혜와 영광을 상속받을 상속자들이다. 에베소서에서는 주님도 한 분이요, 믿음도 하나요, 세례도 하나라는 사실을 강조함으로써 연합의 중요성을 잘 드러내고 있다.

내용 분해

1. 인사
(1:1–2)
2. 그리스도 안에 있는 교회
(1:3–3:21)
3. 교회 안에 거하는 성도의 생활
(4:1–6:20)
4. 끝맺는 인사
(6:21–24)

인사

1 하나님의 뜻으로 말미암아 그리스도 예수의 사도된 바울은 에베소에 있는 성도들과 그리스도 예수 안에 있는 신실한 자들에게 편지하노니
2 하나님 우리 아버지와 주 예수 그리스도로부터 은혜와 평강이 너희에게 있을지어다

하늘에 속한 신령한 복

3 찬송하리로다 하나님 곧 우리 주 예수 그리스도의 아버지께서 그리스도 안에서 하늘에 속한 모든 신령한 복을 우리에게 주시되
4 곧 창세 전에 그리스도 안에서 우리를 택하사 우리로 사랑 안에서 그 앞에 거룩하고 흠이 없게 하시려고
5 그 기쁘신 뜻대로 우리를 예정하사 예수 그리스도로 말미암아 자기의 아들들이 되게 하셨으니
6 이는 그가 사랑하시는 자 안에서 우리에게 거저 주시는 바 그의 은혜의 영광을 찬송하게 하려는 것이라
7 우리는 그리스도 안에서 그의 은혜의 풍성함을 따라 그의 피로 말미암아 속량 곧 죄 사함을 받았느니라
8 이는 그가 모든 지혜와 총명을 우리에게 넘치게 하사
9 그 뜻의 비밀을 우리에게 알리신 것이요 그의 기뻐하심을 따라 그리스도 안에서 때가 찬 경륜을 위하여 예정하신 것이니
10 하늘에 있는 것이나 땅에 있는 것이 다 그리스도 안에서 통일되게 하려 하심이라
11 모든 일을 그의 뜻의 결정대로 일하시는 이의 계획을 따라 우리가 예정을 입어 그 안에서 기업이 되었으니
12 이는 우리가 그리스도 안에서 전부터 바라던 그의 영광의 찬송이 되게 하려 하심이라
13 그 안에서 너희도 진리의 말씀 곧 너희의 구원의 복음을 듣고 그 안에서 또한 믿어 약속의 성령으로 인치심을 받았으니
14 이는 우리 기업의 보증이 되사 그 얻으신 것을 속량하시고 그

의 영광을 찬송하게 하려 하심
이라

바울의 기도

15 이로 말미암아 주 예수 안에서
너희 믿음과 모든 성도를 향한
사랑을 나도 듣고
16 내가 기도할 때에 기억하며 너
희로 말미암아 감사하기를 그
치지 아니하고
17 우리 주 예수 그리스도의 하나
님, 영광의 아버지께서 지혜와
계시의 영을 너희에게 주사 하
나님을 알게 하시고
18 너희 마음의 눈을 밝히사 그의
부르심의 소망이 무엇이며 성도
안에서 그 기업의 영광의 풍성
함이 무엇이며
19 그의 힘의 위력으로 역사하심
을 따라 믿는 우리에게 베푸
신 능력의 지극히 크심이 어떠
한 것을 너희로 알게 하시기를
구하노라
20 그의 능력이 그리스도 안에서
역사하사 죽은 자들 가운데서
다시 살리시고 하늘에서 자기
의 오른편에 앉히사
21 모든 통치와 권세와 능력과 주
권과 이 세상뿐 아니라 오는
세상에 일컫는 모든 이름 위에
뛰어나게 하시고
22 또 만물을 그의 발아래에 복종
하게 하시고 그를 만물 위에
교회의 머리로 삼으셨느니라
23 교회는 그의 몸이니 만물 안에
서 만물을 충만하게 하시는 이
의 충만함이니라

허물과 죄로 죽었던 너희를 살리셨다

2 그는 허물과 죄로 죽었던 너
희를 살리셨도다
2 그때에 너희는 그 가운데서 행
하여 이 세상 풍조를 따르고
공중의 권세 잡은 자를 따랐으
니 곧 지금 불순종의 아들들 가
운데서 역사하는 영이라
3 전에는 우리도 다 그 가운데서
우리 육체의 욕심을 따라 지내
며 육체와 마음의 원하는 것을
하여 다른 이들과 같이 본질상
진노의 자녀이었더니
4 긍휼이 풍성하신 하나님이 우리
를 사랑하신 그 큰 사랑을 인
하여
5 허물로 죽은 우리를 그리스도와
함께 살리셨고 (너희는 은혜로
구원을 받은 것이라)
6 또 함께 일으키사 그리스도 예

수 안에서 함께 하늘에 앉히시
니
7 이는 그리스도 예수 안에서 우
리에게 자비하심으로써 그 은
혜의 지극히 풍성함을 오는 여
러 세대에 나타내려 하심이라
8 너희는 그 은혜에 의하여 믿음
으로 말미암아 구원을 받았으
니 이것은 너희에게서 난 것이
아니요 하나님의 선물이라
9 행위에서 난 것이 아니니 이는
누구든지 자랑하지 못하게 함
이라
10 우리는 그가 만드신 바라 그리
스도 예수 안에서 선한 일을
위하여 지으심을 받은 자니 이
일은 하나님이 전에 예비하사
우리로 그 가운데서 행하게 하
려 하심이니라

십자가로 화목하게 하시다

11 그러므로 생각하라 너희는 그
때에 육체로는 이방인이요 손으
로 육체에 행한 할례를 받은
무리라 칭하는 자들로부터 할
례를 받지 않은 무리라 칭함을
받는 자들이라
12 그때에 너희는 그리스도 밖에
있었고 이스라엘 나라 밖의 사
람이라 약속의 언약들에 대하
여는 외인이요 세상에서 소망
이 없고 하나님도 없는 자이더
니
13 이제는 전에 멀리 있던 너희가
그리스도 예수 안에서 그리스도
의 피로 가까워졌느니라
14 그는 우리의 화평이신지라 둘
로 하나를 만드사 원수된 것
곧 중간에 막힌 담을 자기 육
체로 허시고
15 법조문으로 된 계명의 율법을
폐하셨으니 이는 이 둘로 자기
안에서 한 새사람을 지어 화
평하게 하시고
16 또 십자가로 이 둘을 한 몸으
로 하나님과 화목하게 하려 하
심이라 원수된 것을 십자가로
소멸하시고
17 또 오셔서 먼 데 있는 너희에
게 평안을 전하시고 가까운
데 있는 자들에게 평안을 전하
셨으니
18 이는 그로 말미암아 우리 둘이
한 성령 안에서 아버지께 나
아감을 얻게 하려 하심이라
19 그러므로 이제부터 너희는 외인
도 아니요 나그네도 아니요 오

직 성도들과 동일한 시민이요
하나님의 권속이라
20 너희는 사도들과 선지자들의 터
위에 세우심을 입은 자라 그리
스도 예수께서 친히 모퉁잇돌이
되셨느니라
21 그의 안에서 건물마다 서로 연
결하여 주 안에서 성전이 되
어 가고
22 너희도 성령 안에서 하나님이
거하실 처소가 되기 위하여 그
리스도 예수 안에서 함께 지어
져 가느니라

하나님의 구원의 경륜의 비밀

3 이러므로 그리스도 예수의 일
로 너희 이방인을 위하여 갇
힌 자된 나 바울이 말하거니
와
2 너희를 위하여 내게 주신 하나
님의 그 은혜의 경륜을 너희가
들었을 터이라
3 곧 계시로 내게 비밀을 알게
하신 것은 내가 먼저 간단히
기록함과 같으니
4 그것을 읽으면 내가 그리스도의
비밀을 깨달은 것을 너희가 알
수 있으리라
5 이제 그의 거룩한 사도들과 선
지자들에게 성령으로 나타내신
것같이 다른 세대에서는 사람
의 아들들에게 알리지 아니하
셨으니
6 이는 이방인들이 복음으로 말미
암아 그리스도 예수 안에서 함
께 상속자가 되고 함께 지체
가 되고 함께 약속에 참여하는
자가 됨이라
7 이 복음을 위하여 그의 능력이
역사하시는 대로 내게 주신 하
나님의 은혜의 선물을 따라 내
가 일꾼이 되었노라
8 모든 성도 중에 지극히 작은
자보다 더 작은 나에게 이 은
혜를 주신 것은 측량할 수 없
는 그리스도의 풍성함을 이방인
에게 전하게 하시고
9 영원부터 만물을 창조하신 하
나님 속에 감추어졌던 비밀의
경륜이 어떠한 것을 드러내게
하려 하심이라
10 이는 이제 교회로 말미암아 하
늘에 있는 통치자들과 권세들
에게 하나님의 각종 지혜를 알
게 하려 하심이니
11 곧 영원부터 우리 주 그리스도
예수 안에서 예정하신 뜻대로

하신 것이라
12 우리가 그 안에서 그를 믿음으
로 말미암아 담대함과 확신을
가지고 하나님께 나아감을 얻
느니라
13 그러므로 너희에게 구하노니 너
희를 위한 나의 여러 환난에
대하여 낙심하지 말라 이는 너
희의 영광이니라

그리스도의 사랑을 알게 하시기를

14 이러므로 내가 하늘과 땅에 있
는 각 족속에게
15 이름을 주신 아버지 앞에 무릎
을 꿇고 비노니
16 그의 영광의 풍성함을 따라 그
의 성령으로 말미암아 너희 속
사람을 능력으로 강건하게 하
시오며
17 믿음으로 말미암아 그리스도께
서 너희 마음에 계시게 하시옵
고 너희가 사랑 가운데서 뿌리
가 박히고 터가 굳어져서
18 능히 모든 성도와 함께 지식에
넘치는 그리스도의 사랑을 알고
19 그 너비와 길이와 높이와 깊이
가 어떠함을 깨달아 하나님의
모든 충만하신 것으로 너희에
게 충만하게 하시기를 구하노
라
20 우리 가운데서 역사하시는 능
력대로 우리가 구하거나 생각
하는 모든 것에 더 넘치도록 능
히 하실 이에게
21 교회 안에서와 그리스도 예수
안에서 영광이 대대로 영원무
궁하기를 원하노라 아멘

성령이 하나되게 하신 것

4 그러므로 주 안에서 갇힌 내
가 너희를 권하노니 너희가
부르심을 받은 일에 합당하게
행하여
2 모든 겸손과 온유로 하고 오래
참음으로 사랑 가운데서 서로
용납하고
3 평안의 매는 줄로 성령이 하나
되게 하신 것을 힘써 지키라
4 몸이 하나요 성령도 한 분이시
니 이와 같이 너희가 부르심의
한 소망 안에서 부르심을 받았
느니라
5 주도 한 분이시요 믿음도 하나
요 세례도 하나요
6 하나님도 한 분이시니 곧 만유
의 아버지시라 만유 위에 계시
고 만유를 통일하시고 만유 가
운데 계시도다

7 우리 각 사람에게 그리스도의 선물의 분량대로 은혜를 주셨나니

8 그러므로 이르기를

> 그가 위로 올라가실 때에 사로잡혔던 자들을 사로잡으시고 사람들에게 선물을 주셨다

하였도다

9 올라가셨다 하였은즉 땅 아래 낮은 곳으로 내리셨던 것이 아니면 무엇이냐

10 내리셨던 그가 곧 모든 하늘 위에 오르신 자니 이는 만물을 충만하게 하려 하심이라

11 그가 어떤 사람은 사도로, 어떤 사람은 선지자로, 어떤 사람은 복음 전하는 자로, 어떤 사람은 목사와 교사로 삼으셨으니

12 이는 성도를 온전하게 하여 봉사의 일을 하게 하며 그리스도의 몸을 세우려 하심이라

13 우리가 다 하나님의 아들을 믿는 것과 아는 일에 하나가 되어 온전한 사람을 이루어 그리스도의 장성한 분량이 충만한 데까지 이르리니

14 이는 우리가 이제부터 어린아이가 되지 아니하여 사람의 속임수와 간사한 유혹에 빠져 온갖 교훈의 풍조에 밀려 요동하지 않게 하려 함이라

15 오직 사랑 안에서 참된 것을 하여 범사에 그에게까지 자랄지라 그는 머리니 곧 그리스도라

16 그에게서 온몸이 각 마디를 통하여 도움을 받음으로 연결되고 결합되어 각 지체의 분량대로 역사하여 그 몸을 자라게 하며 사랑 안에서 스스로 세우느니라

옛사람과 새사람

17 그러므로 내가 이것을 말하며 주 안에서 증언하노니 이제부터 너희는 이방인이 그 마음의 허망한 것으로 행함같이 행하지 말라

18 그들의 총명이 어두워지고 그들 가운데 있는 무지함과 그들의 마음이 굳어짐으로 말미암아 하나님의 생명에서 떠나 있도다

19 그들이 감각 없는 자가 되어 자신을 방탕에 방임하여 모든 더러운 것을 욕심으로 행하되

20 오직 너희는 그리스도를 그같이

배우지 아니하였느니라
21 진리가 예수 안에 있는 것같이
너희가 참으로 그에게서 듣고
또한 그 안에서 가르침을 받았
을진대
22 너희는 유혹의 욕심을 따라 썩
어져 가는 구습을 따르는 옛
사람을 벗어 버리고
23 오직 너희의 심령이 새롭게 되
어
24 하나님을 따라 의와 진리의 거
룩함으로 지으심을 받은 새사람
을 입으라

하나님을 본받는 생활

25 그런즉 거짓을 버리고 각각 그
이웃과 더불어 참된 것을 말
하라 이는 우리가 서로 지체가
됨이라
26 분을 내어도 죄를 짓지 말며
해가 지도록 분을 품지 말고
27 마귀에게 틈을 주지 말라
28 도둑질하는 자는 다시 도둑질
하지 말고 돌이켜 가난한 자에
게 구제할 수 있도록 자기 손으
로 수고하여 선한 일을 하라
29 무릇 더러운 말은 너희 입 밖
에도 내지 말고 오직 덕을 세
우는 데 소용되는 대로 선한
말을 하여 듣는 자들에게 은혜
를 끼치게 하라
30 하나님의 성령을 근심하게 하
지 말라 그 안에서 너희가 구
원의 날까지 인치심을 받았느
니라
31 너희는 모든 악독과 노함과 분
냄과 떠드는 것과 비방하는 것
을 모든 악의와 함께 버리고
32 서로 친절하게 하며 불쌍히 여
기며 서로 용서하기를 하나님
이 그리스도 안에서 너희를 용
서하심과 같이 하라

5 그러므로 사랑을 받는 자녀같
이 너희는 하나님을 본받는
자가 되고
2 그리스도께서 너희를 사랑하신
것같이 너희도 사랑 가운데서
행하라 그는 우리를 위하여 자
신을 버리사 향기로운 제물과
희생제물로 하나님께 드리셨느
니라
3 음행과 온갖 더러운 것과 탐욕
은 너희 중에서 그 이름조차도
부르지 말라 이는 성도에게 마
땅한 바니라
4 누추함과 어리석은 말이나 희롱
의 말이 마땅치 아니하니 오히

려 감사하는 말을 하라
5 너희도 정녕 이것을 알거니와
음행하는 자나 더러운 자나 탐
하는 자 곧 우상숭배자는 다
그리스도와 하나님의 나라에서
기업을 얻지 못하리니
6 누구든지 헛된 말로 너희를 속
이지 못하게 하라 이로 말미암
아 하나님의 진노가 불순종의
아들들에게 임하나니
7 그러므로 그들과 함께하는 자
가 되지 말라
8 너희가 전에는 어둠이더니 이제
는 주 안에서 빛이라 빛의 자
녀들처럼 행하라
9 빛의 열매는 모든 착함과 의로
움과 진실함에 있느니라
10 주를 기쁘시게 할 것이 무엇인
가 시험하여 보라
11 너희는 열매 없는 어둠의 일에
참여하지 말고 도리어 책망하
라
12 그들이 은밀히 행하는 것들은
말하기도 부끄러운 것들이라
13 그러나 책망을 받는 모든 것은
빛으로 말미암아 드러나나니 드
러나는 것마다 빛이니라
14 그러므로 이르시기를 잠자는 자
여 깨어서 죽은 자들 가운데서
일어나라 그리스도께서 너에게
비추이시리라 하셨느니라

그리스도의 이름으로 감사하라

15 그런즉 너희가 어떻게 행할지
를 자세히 주의하여 지혜 없는
자같이 하지 말고 오직 지혜
있는 자같이 하여
16 세월을 아끼라 때가 악하니라
17 그러므로 어리석은 자가 되지
말고 오직 주의 뜻이 무엇인가
이해하라
18 술 취하지 말라 이는 방탕한
것이니 오직 성령으로 충만함
을 받으라
19 시와 찬송과 신령한 노래들로
서로 화답하며 너희의 마음으로
주께 노래하며 찬송하며
20 범사에 우리 주 예수 그리스도
의 이름으로 항상 아버지 하나
님께 감사하며
21 그리스도를 경외함으로 피차 복
종하라

아내와 남편

22 아내들이여 자기 남편에게 복
종하기를 주께 하듯 하라
23 이는 남편이 아내의 머리됨이
그리스도께서 교회의 머리됨과

같음이니 그가 바로 몸의 구주
시니라
24 그러므로 교회가 그리스도에게
하듯 아내들도 범사에 자기 남
편에게 복종할지니라
25 남편들아 아내 사랑하기를 그
리스도께서 교회를 사랑하시고
그 교회를 위하여 자신을 주심
같이 하라
26 이는 곧 물로 씻어 말씀으로 깨
끗하게 하사 거룩하게 하시고
27 자기 앞에 영광스러운 교회로
세우사 티나 주름 잡힌 것이나
이런 것들이 없이 거룩하고 흠
이 없게 하려 하심이라
28 이와 같이 남편들도 자기 아내
사랑하기를 자기 자신과 같이
할지니 자기 아내를 사랑하는
자는 자기를 사랑하는 것이라
29 누구든지 언제나 자기 육체를
미워하지 않고 오직 양육하여
보호하기를 그리스도께서 교회에
게 함과 같이 하나니
30 우리는 그 몸의 지체임이라
31 그러므로 사람이 부모를 떠나
그의 아내와 합하여 그 둘이
한 육체가 될지니
32 이 비밀이 크도다 나는 그리스도
와 교회에 대하여 말하노라
33 그러나 너희도 각각 자기의 아
내 사랑하기를 자신같이 하고
아내도 자기 남편을 존경하라

자녀와 부모

6 자녀들아 주 안에서 너희 부
모에게 순종하라 이것이 옳
으니라
2 네 아버지와 어머니를 공경하
라 이것은 약속이 있는 첫 계
명이니
3 이로써 네가 잘되고 땅에서 장
수하리라
4 또 아비들아 너희 자녀를 노엽
게 하지 말고 오직 주의 교훈
과 훈계로 양육하라

종과 상전

5 종들아 두려워하고 떨며 성실
한 마음으로 육체의 상전에게
순종하기를 그리스도께 하듯 하
라
6 눈가림만 하여 사람을 기쁘게
하는 자처럼 하지 말고 그리스
도의 종들처럼 마음으로 하나님
의 뜻을 행하고
7 기쁜 마음으로 섬기기를 주께
하듯 하고 사람들에게 하듯 하
지 말라

8 이는 각 사람이 무슨 선을 행
하든지 종이나 자유인이나 주
께로부터 그대로 받을 줄을 앎
이라
9 상전들아 너희도 그들에게 이
와 같이 하고 위협을 그치라
이는 그들과 너희의 상전이 하
늘에 계시고 그에게는 사람을
외모로 취하는 일이 없는 줄 너
희가 앎이라

마귀를 대적하는 싸움

10 끝으로 너희가 주 안에서와 그
힘의 능력으로 강건하여지고
11 마귀의 간계를 능히 대적하기
위하여 하나님의 전신갑주를
입으라
12 우리의 씨름은 혈과 육을 상대
하는 것이 아니요 통치자들과
권세들과 이 어둠의 세상 주관
자들과 하늘에 있는 악의 영들
을 상대함이라
13 그러므로 하나님의 전신갑주
를 취하라 이는 악한 날에 너
희가 능히 대적하고 모든 일을
행한 후에 서기 위함이라
14 그런즉 서서 진리로 너희 허리
띠를 띠고 의의 호심경을 붙이
고
15 평안의 복음이 준비한 것으로
신을 신고
16 모든 것 위에 믿음의 방패를
가지고 이로써 능히 악한 자의
모든 불화살을 소멸하고
17 구원의 투구와 성령의 검 곧
하나님의 말씀을 가지라
18 모든 기도와 간구를 하되 항상
성령 안에서 기도하고 이를 위
하여 깨어 구하기를 항상 힘쓰
며 여러 성도를 위하여 구하라
19 또 나를 위하여 구할 것은 내
게 말씀을 주사 나로 입을 열
어 복음의 비밀을 담대히 알리
게 하옵소서 할 것이니
20 이 일을 위하여 내가 쇠사슬에
매인 사신이 된 것은 나로 이
일에 당연히 할 말을 담대히
하게 하려 하심이라

끝인사

21 나의 사정 곧 내가 무엇을 하
는지 너희에게도 알리려 하노
니 사랑을 받은 형제요 주 안
에서 진실한 일꾼인 두기고가
모든 일을 너희에게 알리리라
22 우리 사정을 알리고 또 너희
마음을 위로하기 위하여 내가
특별히 그를 너희에게 보내었노

라

23 아버지 하나님과 주 예수 그리
스도께로부터 평안과 믿음을 겸
한 사랑이 형제들에게 있을지

어다

24 우리 주 예수 그리스도를 변함
없이 사랑하는 모든 자에게 은
혜가 있을지어다

빌립보서

주요 사건 연대

A.D.

예수님의 승천
(행 1:9–11)
A.D. 30

사울의 회심
(행 9:1–19)
A.D. 33

바울의 제1차 전도 여행
(행 13:1–14:28)
A.D. 47–49

예루살렘 공의회
(행 15:1–29)
A.D. 49

바울의 제2차 전도 여행
(행 15:36–18:21)
A.D. 49–51

바울의 제3차 전도 여행
(행 18:22–21:26)
A.D. 52–57

네로의 통치
A.D. 54–68

바울의 체포, 심문 및 호송
(행 21:27–28:16)
A.D. 58

바울의 로마 투옥과 전도
(갈 3:1; 비교. 행 28:17–31)
A.D. 60

로마 감옥에서 빌립보서 기록
A.D. 62

로마 대화재와 박해
A.D. 64

바울과 베드로의 순교
A.D. 64–68

예루살렘의 멸망
A.D. 70

저자와 저작 연대

저자는 사도 바울이며, 로마에서 1차로 수감되었을 때 연금 생활 말기인 A.D. 60–62년경에 기록했을 것으로 추정된다(2:23–24).

기록 장소와 대상

일반적으로 에베소서·빌립보서·골로새서·빌레몬서는 '옥중서신'이라고 불린다. 사도행전에 따르면 바울은 빌립보(16:23), 예루살렘(21:33 이하), 가이사랴(23:35), 그리고 로마(28:16)의 감옥에 투옥된 적이 있기 때문에 본서의 기록 장소는 분명치 않다. 그러나 대부분의 학자들은 전통적으로 로마 기록설을 따르고 있다. 빌립보에 있는 그리스도인들을 대상으로 기록되었다.

기록 목적

자신에게 헌금을 보내준 것에 대해 감사의 뜻을 전하고 자신이 투옥된 것이 결코 복음의 퇴보를 가져오는 것이 아님을 알려서, 빌립보 교인들의 염려를 없애려고 했다. 또 빌립보 교회의 분열에 대해 한 마음으로 연합할 것을 권면했으며, 율법주의적 유대교가 복음의 근본 정신에 어긋난다는 사실을 알려 주기 위해서 기록하였다.

핵심어 및 내용

빌립보서의 핵심어는 "복음"과 "기쁨"이다. 하나님과의 관계에서 뿐만 아니라 다른 사람들과의 관계에서 복음의 중요성을 역설하고 있다. 또한 바울은 고통스럽고 암담한 감옥 생활에서도 슬퍼하기는 커녕, 성도들에게 끊임없이 계속 솟아나는 기쁨을 보여주었다.

내용 분해

1. 서론 (1:1–11) 및 사도 바울의 개인적인 상황 (1:12–26)
2. 사도 바울의 권면 (1:27–2:18)
3. 동역자들에 대한 소식 (2:19–30)
4. 사도 바울의 영적인 열정 (3:1–21)
5. 그리스도인의 미덕을 권면함 (4:1–9)
6. 헌금에 대한 감사의 표시 (4:10–20)
7. 결론 : 문안과 축복 (4:21–23)

빌립보서 Philippians

인사

1 그리스도 예수의 종 바울과
디모데는 그리스도 예수 안에
서 빌립보에 사는 모든 성도와
또한 감독들과 집사들에게 편
지하노니
2 하나님 우리 아버지와 주 예수
그리스도로부터 은혜와 평강이
너희에게 있을지어다

빌립보 성도들을 생각하며 간구하다

3 내가 너희를 생각할 때마다 나
의 하나님께 감사하며
4 간구할 때마다 너희 무리를 위
하여 기쁨으로 항상 간구함은
5 너희가 첫날부터 이제까지 복
음을 위한 일에 참여하고 있기
때문이라
6 너희 안에서 착한 일을 시작하
신 이가 그리스도 예수의 날까
지 이루실 줄을 우리는 확신하
노라
7 내가 너희 무리를 위하여 이와
같이 생각하는 것이 마땅하니
이는 너희가 내 마음에 있음이
며 나의 매임과 복음을 변명함
과 확정함에 너희가 다 나와
함께 은혜에 참여한 자가 됨
이라
8 내가 예수 그리스도의 심장으로
너희 무리를 얼마나 사모하는지
하나님이 내 증인이시니라
9 내가 기도하노라 너희 사랑을
지식과 모든 총명으로 점점 더
풍성하게 하사
10 너희로 지극히 선한 것을 분별
하며 또 진실하여 허물없이 그
리스도의 날까지 이르고
11 예수 그리스도로 말미암아 의의
열매가 가득하여 하나님의 영
광과 찬송이 되기를 원하노라

바울의 매임과 복음 전파

12 형제들아 내가 당한 일이 도리
어 복음 전파에 진전이 된 줄
을 너희가 알기를 원하노라
13 이러므로 나의 매임이 그리스도
안에서 모든 시위대 안과 그
밖의 모든 사람에게 나타났으
니
14 형제 중 다수가 나의 매임으
로 말미암아 주 안에서 신뢰함
으로 겁 없이 하나님의 말씀을
더욱 담대히 전하게 되었느니
라
15 어떤 이들은 투기와 분쟁으로,

어떤 이들은 착한 뜻으로 그리
스도를 전파하나니
16 이들은 내가 복음을 변증하기
위하여 세우심을 받은 줄 알고
사랑으로 하나
17 그들은 나의 매임에 괴로움을
더하게 할 줄로 생각하여 순수
하지 못하게 다툼으로 그리스도
를 전파하느니라
18 그러면 무엇이냐 겉치레로 하
나 참으로 하나 무슨 방도로 하
든지 전파되는 것은 그리스도니
이로써 나는 기뻐하고 또한 기
뻐하리라
19 이것이 너희의 간구와 예수 그
리스도의 성령의 도우심으로 나
를 구원에 이르게 할 줄 아는
고로
20 나의 간절한 기대와 소망을
따라 아무 일에든지 부끄러워
하지 아니하고 지금도 전과 같
이 온전히 담대하여 살든지 죽
든지 내 몸에서 그리스도가 존
귀하게 되게 하려 하나니
21 이는 내게 사는 것이 그리스도
니 죽는 것도 유익함이라
22 그러나 만일 육신으로 사는 이
것이 내 일의 열매일진대 무엇
을 택해야 할는지 나는 알지
못하노라
23 내가 그 둘 사이에 끼였으니
차라리 세상을 떠나서 그리스
도와 함께 있는 것이 훨씬 더
좋은 일이라 그렇게 하고 싶으
나
24 내가 육신으로 있는 것이 너희
를 위하여 더 유익하리라
25 내가 살 것과 너희 믿음의 진
보와 기쁨을 위하여 너희 무리
와 함께 거할 이것을 확실히
아노니
26 내가 다시 너희와 같이 있음으
로 그리스도 예수 안에서 너희
자랑이 나로 말미암아 풍성하
게 하려 함이라
27 오직 너희는 그리스도의 복음에
합당하게 생활하라 이는 내가
너희에게 가 보나 떠나 있으나
너희가 한마음으로 서서 한뜻으
로 복음의 신앙을 위하여 협력
하는 것과
28 무슨 일에든지 대적하는 자들
때문에 두려워하지 아니하는
이 일을 듣고자 함이라 이것이
그들에게는 멸망의 증거요 너
희에게는 구원의 증거니 이는

하나님께로부터 난 것이라
29 그리스도를 위하여 너희에게 은
혜를 주신 것은 다만 그를 믿
을 뿐 아니라 또한 그를 위하
여 고난도 받게 하려 하심이라
30 너희에게도 그와 같은 싸움이
있으니 너희가 내 안에서 본
바요 이제도 내 안에서 듣는
바니라

그리스도의 겸손

2 그러므로 그리스도 안에 무슨
권면이나 사랑의 무슨 위로
나 성령의 무슨 교제나 긍휼이
나 자비가 있거든
2 마음을 같이하여 같은 사랑을
가지고 뜻을 합하며 한마음을
품어
3 아무 일에든지 다툼이나 허영으
로 하지 말고 오직 겸손한 마
음으로 각각 자기보다 남을 낫
게 여기고
4 각각 자기 일을 돌볼 뿐더러
또한 각각 다른 사람들의 일을
돌보아 나의 기쁨을 충만하게
하라
5 너희 안에 이 마음을 품으라
곧 그리스도 예수의 마음이니
6 그는 근본 하나님의 본체시나
하나님과 동등됨을 취할 것으
로 여기지 아니하시고
7 오히려 자기를 비워 종의 형체
를 가지사 사람들과 같이 되셨
고
8 사람의 모양으로 나타나사 자
기를 낮추시고 죽기까지 복종하
셨으니 곧 십자가에 죽으심이
라
9 이러므로 하나님이 그를 지극히
높여 모든 이름 위에 뛰어난
이름을 주사
10 하늘에 있는 자들과 땅에 있는
자들과 땅 아래에 있는 자들로
모든 무릎을 예수의 이름에 꿇
게 하시고
11 모든 입으로 예수 그리스도를
주라 시인하여 하나님 아버지
께 영광을 돌리게 하셨느니라

하나님의 흠 없는 자녀로 살라

12 그러므로 나의 사랑하는 자들
아 너희가 나 있을 때뿐 아니
라 더욱 지금 나 없을 때에도
항상 복종하여 두렵고 떨림으
로 너희 구원을 이루라
13 너희 안에서 행하시는 이는 하
나님이시니 자기의 기쁘신 뜻
을 위하여 너희에게 소원을 두

고 행하게 하시나니
14 모든 일을 원망과 시비가 없이
하라
15 이는 너희가 흠이 없고 순전하
여 어그러지고 거스르는 세대
가운데서 하나님의 흠 없는 자
녀로 세상에서 그들 가운데 빛
들로 나타내며
16 생명의 말씀을 밝혀 나의 달음
질이 헛되지 아니하고 수고도
헛되지 아니함으로 그리스도의
날에 내가 자랑할 것이 있게
하려 함이라
17 만일 너희 믿음의 제물과 섬김
위에 내가 나를 전제로 드릴지
라도 나는 기뻐하고 너희 무리
와 함께 기뻐하리니
18 이와 같이 너희도 기뻐하고 나
와 함께 기뻐하라

디모데와 에바브로디도

19 내가 디모데를 속히 너희에게
보내기를 주 안에서 바람은 너
희의 사정을 앎으로 안위를 받
으려 함이니
20 이는 뜻을 같이하여 너희 사정
을 진실히 생각할 자가 이밖
에 내게 없음이라
21 그들이 다 자기 일을 구하고
그리스도 예수의 일을 구하지
아니하되
22 디모데의 연단을 너희가 아나
니 자식이 아버지에게 함같이
나와 함께 복음을 위하여 수고
하였느니라
23 그러므로 내가 내 일이 어떻게
될지를 보아서 곧 이 사람을
보내기를 바라고
24 나도 속히 가게 될 것을 주 안
에서 확신하노라
25 그러나 에바브로디도를 너희에
게 보내는 것이 필요한 줄로 생
각하노니 그는 나의 형제요 함
께 수고하고 함께 군사된 자요
너희 사자로 내가 쓸 것을 돕
는 자라
26 그가 너희 무리를 간절히 사모
하고 자기가 병든 것을 너희가
들은 줄을 알고 심히 근심한지
라
27 그가 병들어 죽게 되었으나 하
나님이 그를 긍휼히 여기셨고
그뿐 아니라 또 나를 긍휼히
여기사 내 근심 위에 근심을
면하게 하셨느니라
28 그러므로 내가 더욱 급히 그를
보낸 것은 너희로 그를 다시 보

고 기뻐하게 하며 내 근심도
덜려 함이니라
29 이러므로 너희가 주 안에서 모
든 기쁨으로 그를 영접하고 또
이와 같은 자들을 존귀히 여기
라
30 그가 그리스도의 일을 위하여
죽기에 이르러도 자기 목숨을
돌보지 아니한 것은 나를 섬기
는 너희의 일에 부족함을 채우
려 함이니라

하나님께로부터 난 의

3 끝으로 나의 형제들아 주 안
에서 기뻐하라 너희에게 같
은 말을 쓰는 것이 내게는 수
고로움이 없고 너희에게는 안전
하니라
2 개들을 삼가고 행악하는 자들
을 삼가고 몸을 상해하는 일을
삼가라
3 하나님의 성령으로 봉사하며
그리스도 예수로 자랑하고 육체
를 신뢰하지 아니하는 우리가
곧 할례파라
4 그러나 나도 육체를 신뢰할 만
하며 만일 누구든지 다른 이가
육체를 신뢰할 것이 있는 줄로
생각하면 나는 더욱 그러하리
니
5 나는 팔일 만에 할례를 받고
이스라엘 족속이요 베냐민 지파
요 히브리인 중의 히브리인이요
율법으로는 바리새인이요
6 열심으로는 교회를 박해하고 율
법의 의로는 흠이 없는 자라
7 그러나 무엇이든지 내게 유익
하던 것을 내가 그리스도를 위
하여 다 해로 여길뿐더러
8 또한 모든 것을 해로 여김은
내 주 그리스도 예수를 아는 지
식이 가장 고상하기 때문이라
내가 그를 위하여 모든 것을
잃어버리고 배설물로 여김은 그
리스도를 얻고
9 그 안에서 발견되려 함이니 내
가 가진 의는 율법에서 난 것
이 아니요 오직 그리스도를 믿
음으로 말미암은 것이니 곧 믿
음으로 하나님께로부터 난 의라
10 내가 그리스도와 그 부활의 권
능과 그 고난에 참여함을 알고
자 하여 그의 죽으심을 본받아
11 어떻게 해서든지 죽은 자 가운
데서 부활에 이르려 하노니
12 내가 이미 얻었다 함도 아니요
온전히 이루었다 함도 아니라

오직 내가 그리스도 예수께 잡
힌 바 된 그것을 잡으려고 달
려가노라
13 형제들아 나는 아직 내가 잡은
줄로 여기지 아니하고 오직 한
일 즉 뒤에 있는 것은 잊어버
리고 앞에 있는 것을 잡으려고
14 푯대를 향하여 그리스도 예수
안에서 하나님이 위에서 부르
신 부름의 상을 위하여 달려가
노라
15 그러므로 누구든지 우리 온전히
이룬 자들은 이렇게 생각할지
니 만일 어떤 일에 너희가 달
리 생각하면 하나님이 이것도
너희에게 나타내시리라
16 오직 우리가 어디까지 이르렀든
지 그대로 행할 것이라

우리의 시민권은 하늘에

17 형제들아 너희는 함께 나를 본
받으라 그리고 너희가 우리를
본받은 것처럼 그와 같이 행하
는 자들을 눈여겨보라
18 내가 여러 번 너희에게 말하였
거니와 이제도 눈물을 흘리며
말하노니 여러 사람들이 그리스
도의 십자가의 원수로 행하느니
라
19 그들의 마침은 멸망이요 그들의
신은 배요 그 영광은 그들의
부끄러움에 있고 땅의 일을 생
각하는 자라
20 그러나 우리의 시민권은 하늘
에 있는지라 거기로부터 구원하
는 자 곧 주 예수 그리스도를
기다리노니
21 그는 만물을 자기에게 복종하
게 하실 수 있는 자의 역사로
우리의 낮은 몸을 자기 영광의
몸의 형체와 같이 변하게 하시
리라

4 그러므로 나의 사랑하고 사모
하는 형제들, 나의 기쁨이요
면류관인 사랑하는 자들아 이
와 같이 주 안에 서라

권면

2 내가 유오디아를 권하고 순두게
를 권하노니 주 안에서 같은
마음을 품으라
3 또 참으로 나와 멍에를 같이한
네게 구하노니 복음에 나와 함
께 힘쓰던 저 여인들을 돕고
또한 글레멘드와 그 외에 나
의 동역자들을 도우라 그 이름
들이 생명책에 있느니라
4 주 안에서 항상 기뻐하라 내

가 다시 말하노니 기뻐하라
5 너희 관용을 모든 사람에게 알
게 하라 주께서 가까우시니라
6 아무것도 염려하지 말고 다만
모든 일에 기도와 간구로, 너희
구할 것을 감사함으로 하나님
께 아뢰라
7 그리하면 모든 지각에 뛰어난
하나님의 평강이 그리스도 예
수 안에서 너희 마음과 생각을
지키시리라
8 끝으로 형제들아 무엇에든지 참
되며 무엇에든지 경건하며 무
엇에든지 옳으며 무엇에든지
정결하며 무엇에든지 사랑받
을 만하며 무엇에든지 칭찬받
을 만하며 무슨 덕이 있든지
무슨 기림이 있든지 이것들을
생각하라
9 너희는 내게 배우고 받고 듣고
본 바를 행하라 그리하면 평강
의 하나님이 너희와 함께 계시
리라

빌립보 사람들의 선물

10 내가 주 안에서 크게 기뻐함
은 너희가 나를 생각하던 것이
이제 다시 싹이 남이니 너희가
또한 이를 위하여 생각은 하였
으나 기회가 없었느니라
11 내가 궁핍하므로 말하는 것이
아니니라 어떠한 형편에든지
나는 자족하기를 배웠노니
12 나는 비천에 처할 줄도 알고
풍부에 처할 줄도 알아 모든
일 곧 배부름과 배고픔과 풍부
와 궁핍에도 처할 줄 아는 일
체의 비결을 배웠노라
13 내게 능력 주시는 자 안에서
내가 모든 것을 할 수 있느니
라
14 그러나 너희가 내 괴로움에 함
께 참여하였으니 잘하였도다
15 빌립보 사람들아 너희도 알거니
와 복음의 시초에 내가 마게도
냐를 떠날 때에 주고 받는 내
일에 참여한 교회가 너희 외에
아무도 없었느니라
16 데살로니가에 있을 때에도 너희
가 한 번뿐 아니라 두 번이나
나의 쓸 것을 보내었도다
17 내가 선물을 구함이 아니요 오
직 너희에게 유익하도록 풍성
한 열매를 구함이라
18 내게는 모든 것이 있고 또 풍
부한지라 에바브로디도 편에 너
희가 준 것을 받으므로 내가 풍

족하니 이는 받으실 만한 향기
로운 제물이요 하나님을 기쁘시
게 한 것이라
19 나의 하나님이 그리스도 예수
안에서 영광 가운데 그 풍성한
대로 너희 모든 쓸 것을 채우시
리라
20 하나님 곧 우리 아버지께 세세
무궁하도록 영광을 돌릴지어다
아멘

끝인사

21 그리스도 예수 안에 있는 성도
에게 각각 문안하라 나와 함
께 있는 형제들이 너희에게 문
안하고
22 모든 성도들이 너희에게 문안
하되 특히 가이사의 집 사람들
중 몇이니라
23 주 예수 그리스도의 은혜가 너
희 심령에 있을지어다

골로새서

저자와 저작 연대

이 편지는 바울이 로마에서 죄수로 갇혀 지내던 제1차 투옥 기간(A.D. 61년 겨울-63년 봄, 참조. 행 28:16-31)에 기록되었기 때문에 에베소서, 빌립보서, 빌레몬서와 함께 옥중서신으로 불리며, A.D. 62년경에 기록된 것으로 추측된다.

기록 장소와 대상

로마의 감옥에서 기록하였으며, 골로새에 있는 그리스도인들을 위하여 본 서신을 썼다.

기록 목적

골로새 교회에 들어온 이단을 반박하기 위해서 썼다.

골로새 교회

안디옥에서 출발하여 에베소에 이르는 제3차 전도 여행 중 바울이 골로새를 방문했는지에 대해서는 논란이 많다. 그러나 바울이 이곳에 교회를 세우지 않은 것은 확실하다(참조. 2:1). 골로새 교회는 바울이 제3차 전도 여행을 하던 기간에 세워졌다. 에베소에서 바울이 전하는 복음을 듣고 회심한 사람들이 각기 연고가 있는 도시로 내려가 복음을 전하고 그곳에 교회들을 세웠던 것이다. 골로새 교회는 에바브라의 전도 사역에 의해 세워졌을 가능성이 크다(1:7-8;4:12-13).

핵심어 및 내용

골로새서의 핵심어는 "지존성"과 "머리 되심"이다. 골로새서는 헛되고 세속적인 철학들 때문에 혼란스러워진 골로새 교회에 보낸 서신서이다. 따라서 그리스도께서는 그의 몸된 교회의 머리이실 뿐만 아니라 삶의 모든 영역에 있어서 최고의 위치에 있는 지존자이심이 강조되고 있다.

내용 분해

1. 서론
   (1:1-14)
2. 그리스도론
   (1:15-2:23)
3. 그리스도인의 생활
   (3:1-4:6)
4. 결론
   (4:7-18)

주요 사건 연대

A.D.

예수님의 승천
A.D. 30

사울의 회심
(행 9:1-19)
A.D. 33

바울의 제1차 전도 여행
(행 13:1-14:28)
A.D. 47-49

예루살렘 공의회
(행 15:1-29)
A.D. 49

바울의 제2차 전도 여행
(행 15:36-18:21)
A.D. 49-51

바울의 제3차 전도 여행
(행 18:22-21:26)
A.D. 52-57

네로의 통치
A.D. 54-68

바울의 체포, 심문 및 호송
(행 21:27-28:16)
A.D. 58

바울의 로마 투옥과 전도
(행 28:17-31)
A.D. 60

로마 감옥에서 골로새서 기록
A.D. 62

로마 대화재와 박해
A.D. 64

바울과 베드로의 순교
A.D. 64-68

예루살렘의 멸망
A.D. 70

골로새서 Colossians

인사

1 하나님의 뜻으로 말미암아 그
리스도 예수의 사도된 바울
과 형제 디모데는
2 골로새에 있는 성도들 곧 그리
스도 안에서 신실한 형제들에
게 편지하노니 우리 아버지 하
나님으로부터 은혜와 평강이 너
희에게 있을지어다

하나님께 감사를 드리다

3 우리가 너희를 위하여 기도할
때마다 하나님 곧 우리 주 예
수 그리스도의 아버지께 감사하
노라
4 이는 그리스도 예수 안에 너희
의 믿음과 모든 성도에 대한
사랑을 들었음이요
5 너희를 위하여 하늘에 쌓아 둔
소망으로 말미암음이니 곧 너희
가 전에 복음 진리의 말씀을
들은 것이라
6 이 복음이 이미 너희에게 이르
매 너희가 듣고 참으로 하나님
의 은혜를 깨달은 날부터 너희
중에서와 같이 또한 온 천하에
서도 열매를 맺어 자라는도다
7 이와 같이 우리와 함께 종된
사랑하는 에바브라에게 너희가
배웠나니 그는 너희를 위한 그
리스도의 신실한 일꾼이요
8 성령 안에서 너희 사랑을 우리
에게 알린 자니라

하나님의 형상이시요 교회의 머리시라

9 이로써 우리도 듣던 날부터 너
희를 위하여 기도하기를 그치지
아니하고 구하노니 너희로 하여
금 모든 신령한 지혜와 총명
에 하나님의 뜻을 아는 것으로
채우게 하시고
10 주께 합당하게 행하여 범사에
기쁘시게 하고 모든 선한 일에
열매를 맺게 하시며 하나님을
아는 것에 자라게 하시고
11 그의 영광의 힘을 따라 모든
능력으로 능하게 하시며 기쁨
으로 모든 견딤과 오래 참음에
이르게 하시고
12 우리로 하여금 빛 가운데서 성
도의 기업의 부분을 얻기에 합
당하게 하신 아버지께 감사하
게 하시기를 원하노라
13 그가 우리를 흑암의 권세에서
건져내사 그의 사랑의 아들의
나라로 옮기셨으니

14 그 아들 안에서 우리가 속량
곧 죄 사함을 얻었도다
15 그는 보이지 아니하는 하나님
의 형상이시요 모든 피조물보다
먼저 나신 이시니
16 만물이 그에게서 창조되되 하
늘과 땅에서 보이는 것들과 보
이지 않는 것들과 혹은 왕권들
이나 주권들이나 통치자들이나
권세들이나 만물이 다 그로 말
미암고 그를 위하여 창조되었
고
17 또한 그가 만물보다 먼저 계시
고 만물이 그 안에 함께 섰느
니라
18 그는 몸인 교회의 머리시라 그
가 근본이시요 죽은 자들 가운
데서 먼저 나신 이시니 이는
친히 만물의 으뜸이 되려 하심
이요
19 아버지께서는 모든 충만으로 예
수 안에 거하게 하시고
20 그의 십자가의 피로 화평을 이
루사 만물 곧 땅에 있는 것들
이나 하늘에 있는 것들이 그로
말미암아 자기와 화목하게 되
기를 기뻐하심이라
21 전에 악한 행실로 멀리 떠나
마음으로 원수가 되었던 너희
를
22 이제는 그의 육체의 죽음으로
말미암아 화목하게 하사 너희
를 거룩하고 흠 없고 책망할
것이 없는 자로 그 앞에 세우고
자 하셨으니
23 만일 너희가 믿음에 거하고 터
위에 굳게 서서 너희 들은 바
복음의 소망에서 흔들리지 아니
하면 그리하리라 이 복음은 천
하 만민에게 전파된 바요 나
바울은 이 복음의 일꾼이 되었
노라

교회를 위하여 바울이 하는 일

24 나는 이제 너희를 위하여 받는
괴로움을 기뻐하고 그리스도의
남은 고난을 그의 몸된 교회를
위하여 내 육체에 채우노라
25 내가 교회의 일꾼된 것은 하나
님이 너희를 위하여 내게 주신
직분을 따라 하나님의 말씀을
이루려 함이니라
26 이 비밀은 만세와 만대로부터
감추어졌던 것인데 이제는 그
의 성도들에게 나타났고
27 하나님이 그들로 하여금 이 비
밀의 영광이 이방인 가운데 얼

마나 풍성한지를 알게 하려 하
심이라 이 비밀은 너희 안에
계신 그리스도시니 곧 영광의
소망이니라
28 우리가 그를 전파하여 각 사람
을 권하고 모든 지혜로 각 사
람을 가르침은 각 사람을 그리
스도 안에서 완전한 자로 세우
려 함이니
29 이를 위하여 나도 내 속에서 능
력으로 역사하시는 이의 역사를
따라 힘을 다하여 수고하노라

2 내가 너희와 라오디게아에 있
는 자들과 무릇 내 육신의
얼굴을 보지 못한 자들을 위하
여 얼마나 힘쓰는지를 너희가
알기를 원하노니
2 이는 그들로 마음에 위안을 받
고 사랑 안에서 연합하여 확
실한 이해의 모든 풍성함과 하
나님의 비밀인 그리스도를 깨닫
게 하려 함이니
3 그 안에는 지혜와 지식의 모든
보화가 감추어져 있느니라
4 내가 이것을 말함은 아무도 교
묘한 말로 너희를 속이지 못하
게 하려 함이니
5 이는 내가 육신으로는 떠나 있
으나 심령으로는 너희와 함께
있어 너희가 질서 있게 행함과
그리스도를 믿는 너희 믿음이
굳건한 것을 기쁘게 봄이라

그리스도 안에서 행하라

6 그러므로 너희가 그리스도 예수
를 주로 받았으니 그 안에서
행하되
7 그 안에 뿌리를 박으며 세움을
받아 교훈을 받은 대로 믿음에
굳게 서서 감사함을 넘치게 하
라
8 누가 철학과 헛된 속임수로 너
희를 사로잡을까 주의하라 이
것은 사람의 전통과 세상의 초
등학문을 따름이요 그리스도를
따름이 아니니라
9 그 안에는 신성의 모든 충만이
육체로 거하시고
10 너희도 그 안에서 충만하여졌
으니 그는 모든 통치자와 권세
의 머리시라
11 또 그 안에서 너희가 손으로
하지 아니한 할례를 받았으니
곧 육의 몸을 벗는 것이요 그리
스도의 할례니라
12 너희가 세례로 그리스도와 함
께 장사되고 또 죽은 자들 가

운데서 그를 일으키신 하나님
의 역사를 믿음으로 말미암아
그 안에서 함께 일으키심을 받
았느니라
13 또 범죄와 육체의 무할례로 죽
었던 너희를 하나님이 그와 함
께 살리시고 우리의 모든 죄를
사하시고
14 우리를 거스르고 불리하게 하
는 법조문으로 쓴 증서를 지우
시고 제하여 버리사 십자가에
못박으시고
15 통치자들과 권세들을 무력화하
여 드러내어 구경거리로 삼으시
고 십자가로 그들을 이기셨느니
라
16 그러므로 먹고 마시는 것과 절
기나 초하루나 안식일을 이유로
누구든지 너희를 비판하지 못
하게 하라
17 이것들은 장래 일의 그림자이
나 몸은 그리스도의 것이니라
18 아무도 꾸며낸 겸손과 천사 숭
배를 이유로 너희를 정죄하지
못하게 하라 그가 그 본 것에
의지하여 그 육신의 생각을 따
라 헛되이 과장하고
19 머리를 붙들지 아니하는지라 온
몸이 머리로 말미암아 마디와
힘줄로 공급함을 받고 연합하
여 하나님이 자라게 하시므로
자라느니라

그리스도와 함께하는 새사람

20 너희가 세상의 초등학문에서
그리스도와 함께 죽었거든 어찌
하여 세상에 사는 것과 같이
규례에 순종하느냐
21 (곧 붙잡지도 말고 맛보지도 말
고 만지지도 말라 하는 것이니
22 이 모든 것은 한때 쓰이고는
없어지리라) 사람의 명령과 가
르침을 따르느냐
23 이런 것들은 자의적 숭배와 겸
손과 몸을 괴롭게 하는 데는
지혜 있는 모양이나 오직 육체
따르는 것을 금하는 데는 조금
도 유익이 없느니라

3 그러므로 너희가 그리스도와
함께 다시 살리심을 받았으
면 위의 것을 찾으라 거기는
그리스도께서 하나님 우편에
앉아 계시느니라
2 위의 것을 생각하고 땅의 것을
생각하지 말라
3 이는 너희가 죽었고 너희 생명
이 그리스도와 함께 하나님 안

에 감추어졌음이라
4 우리 생명이신 그리스도께서 나
타나실 그때에 너희도 그와 함
께 영광 중에 나타나리라
5 그러므로 땅에 있는 지체를 죽
이라 곧 음란과 부정과 사욕
과 악한 정욕과 탐심이니 탐심
은 우상숭배니라
6 이것들로 말미암아 하나님의
진노가 임하느니라
7 너희도 전에 그 가운데 살 때
에는 그 가운데서 행하였으나
8 이제는 너희가 이 모든 것을
벗어 버리라 곧 분함과 노여움
과 악의와 비방과 너희 입의
부끄러운 말이라
9 너희가 서로 거짓말을 하지 말
라 옛사람과 그 행위를 벗어
버리고
10 새사람을 입었으니 이는 자기
를 창조하신 이의 형상을 따
라 지식에까지 새롭게 하심을
입은 자니라
11 거기에는 헬라인이나 유대인이
나 할례파나 무할례파나 야만
인이나 스구디아인이나 종이나
자유인이 차별이 있을 수 없
나니 오직 그리스도는 만유시요
만유 안에 계시니라
12 그러므로 너희는 하나님이 택하
사 거룩하고 사랑받는 자처럼
긍휼과 자비와 겸손과 온유와
오래 참음을 옷 입고
13 누가 누구에게 불만이 있거든
서로 용납하여 피차 용서하되
주께서 너희를 용서하신 것같
이 너희도 그리하고
14 이 모든 것 위에 사랑을 더하
라 이는 온전하게 매는 띠니라
15 그리스도의 평강이 너희 마음을
주장하게 하라 너희는 평강을
위하여 한 몸으로 부르심을 받
았나니 너희는 또한 감사하는
자가 되라
16 그리스도의 말씀이 너희 속에
풍성히 거하여 모든 지혜로 피
차 가르치며 권면하고 시와 찬
송과 신령한 노래를 부르며 감
사하는 마음으로 하나님을 찬
양하고
17 또 무엇을 하든지 말에나 일에
나 다 주 예수의 이름으로 하
고 그를 힘입어 하나님 아버지
께 감사하라

주께 하듯 하라

18 아내들아 남편에게 복종하라

이는 주 안에서 마땅하니라
19 남편들아 아내를 사랑하며 괴
롭게 하지 말라
20 자녀들아 모든 일에 부모에게
순종하라 이는 주 안에서 기쁘
게 하는 것이니라
21 아비들아 너희 자녀를 노엽게
하지 말지니 낙심할까 함이라
22 종들아 모든 일에 육신의 상전
들에게 순종하되 사람을 기쁘
게 하는 자와 같이 눈가림만
하지 말고 오직 주를 두려워하
여 성실한 마음으로 하라
23 무슨 일을 하든지 마음을 다하
여 주께 하듯 하고 사람에게
하듯 하지 말라
24 이는 기업의 상을 주께 받을
줄 아나니 너희는 주 그리스도
를 섬기느니라
25 불의를 행하는 자는 불의의 보
응을 받으리니 주는 사람을 외
모로 취하심이 없느니라
4 상전들아 의와 공평을 종들에
게 베풀지니 너희에게도 하
늘에 상전이 계심을 알지어다

권면

2 기도를 계속하고 기도에 감사
함으로 깨어 있으라
3 또한 우리를 위하여 기도하되
하나님이 전도할 문을 우리에
게 열어 주사 그리스도의 비밀
을 말하게 하시기를 구하라 내
가 이 일 때문에 매임을 당하
였노라
4 그리하면 내가 마땅히 할 말로
써 이 비밀을 나타내리라
5 외인에게 대해서는 지혜로 행
하여 세월을 아끼라
6 너희 말을 항상 은혜 가운데서
소금으로 맛을 냄과 같이 하라
그리하면 각 사람에게 마땅히
대답할 것을 알리라

끝인사

7 두기고가 내 사정을 다 너희에
게 알려 주리니 그는 사랑받는
형제요 신실한 일꾼이요 주 안
에서 함께 종이 된 자니라
8 내가 그를 특별히 너희에게 보
내는 것은 너희로 우리 사정을
알게 하고 너희 마음을 위로하
게 하려 함이라
9 신실하고 사랑을 받는 형제 오
네시모를 함께 보내노니 그는
너희에게서 온 사람이라 그들
이 여기 일을 다 너희에게 알
려 주리라

10 나와 함께 갇힌 아리스다고와
바나바의 생질 마가와 (이 마
가에 대하여 너희가 명을 받았
으매 그가 이르거든 영접하라)
11 유스도라 하는 예수도 너희에게
문안하느니라 그들은 할례파이
나 이들만은 하나님의 나라를
위하여 함께 역사하는 자들이
니 이런 사람들이 나의 위로가
되었느니라
12 그리스도 예수의 종인 너희에게
서 온 에바브라가 너희에게 문
안하느니라 그가 항상 너희를
위하여 애써 기도하여 너희로
하나님의 모든 뜻 가운데서 완
전하고 확신 있게 서기를 구하
나니
13 그가 너희와 라오디게아에 있
는 자들과 히에라볼리에 있는
자들을 위하여 많이 수고하는
것을 내가 증언하노라
14 사랑을 받는 의사 누가와 또
데마가 너희에게 문안하느니라
15 라오디게아에 있는 형제들과
눔바와 그 여자의 집에 있는
교회에 문안하고
16 이 편지를 너희에게서 읽은 후
에 라오디게아인의 교회에서도
읽게 하고 또 라오디게아로부
터 오는 편지를 너희도 읽으라
17 아킵보에게 이르기를 주 안에
서 받은 직분을 삼가 이루라고
하라
18 나 바울은 친필로 문안하노니
내가 매인 것을 생각하라 은
혜가 너희에게 있을지어다

빌레몬서

저자와 저작 연대

골로새서·빌레몬서·에베소서는 두기고와 오네시모가 각 교회로 다니면서 전달한 바울의 편지들이다(참조. 1:10-12;엡 6:21-22;골 4:7-9 등). 이 편지들을 쓸 당시, 바울은 죄수의 신분이었다(1:1,9,23;골 1:24). 비록 바울은 죄수였지만 어느 정도 자유롭게 복음을 전할 수 있었다(골 4:3-4). 본서는 바울이 로마에서 첫 번째 감금 생활을 하던 A.D. 60-62년경에 쓰여졌다고 추정된다.

기록 장소와 대상

바울이 로마의 어느 집에 연금되어 있을 때 기록했다. 기록 대상은 빌레몬, 압비아, 아킵보(아마도 압비아는 빌레몬의 아내이고, 아킵보는 그의 아들일 것이다), 그리고 골로새의 성도들을 위하여 기록하였다.

기록 목적

빌레몬은 골로새 교회의 중요한 인물이었고, 오네시모는 빌레몬의 노예였다. 오네시모는 주인 빌레몬의 집에서 재물을 가지고 도망하여 로마까지 갔는데, 그곳에서 바울을 만나 복음을 듣고 변화되었다. 당시에 가혹한 로마의 노예법에 따르면, 오네시모는 주인에게서 도주하였을 뿐 아니라 주인의 재물까지 가지고 갔었으므로 그의 죄는 엄청난 것이었다. 그래서 바울은 주인 빌레몬에게 보내는 편지와 함께 오네시모를 돌려 보냈는데, 그 편지가 바로 본서이다. 바울은 빌레몬에게 상전과 노예의 관계를 초월하여 그리스도 안에서 형제로서, 종 오네시모를 용서하고 환영해 달라고 편지를 통해 요청하였다.

핵심어 및 내용

빌레몬서의 핵심어는 "노예"와 "유익"이다. 바울은 영적으로는 예수 그리스도에게 갇힌 자이고, 육체적으로는 로마 감옥에 갇혀 있었기에 빌레몬의 노예인 오네시모가 갚아야 할 대가를 잘 알고 있었다. 바울은 11절에서 오네시모란 이름이 의미하는 '유익함'이란 말을 사용하여 오네시모의 변화된 모습을 알려 주고, 그를 형제로서 받아들이라고 권면한다.

주요 사건 연대

A.D.

예수님의 승천
(행 1:9-11)
A.D. 30

사울의 회심
(행 9:1-19)
A.D. 33

바울의 제1차 전도 여행
(행 13:1-14:28)
A.D. 47-49

예루살렘 공의회
(행 15:1-29)
A.D. 49

바울의 제2차 전도 여행
(행 15:36-18:21)
A.D. 49-51

바울의 제3차 전도 여행
(행 18:22-21:26)
A.D. 52-57

바울의 체포, 심문 및 호송
(행 21:27-28:16)
A.D. 58

바울의 로마 투옥과 전도
(행 28:17-31)
A.D. 60

로마 감옥에서 빌레몬서 기록
A.D. 61

바울과 베드로의 순교
A.D. 64-68

예루살렘의 멸망
A.D. 70

인사

1 그리스도 예수를 위하여 갇힌
자된 바울과 및 형제 디모데는
우리의 사랑을 받는 자요 동역
자인 빌레몬과
2 자매 압비아와 우리와 함께
병사된 아킵보와 네 집에 있는
교회에 편지하노니
3 하나님 우리 아버지와 주 예수
그리스도로부터 은혜와 평강이
너희에게 있을지어다

빌레몬의 믿음과 사랑

4 내가 항상 내 하나님께 감사하
고 기도할 때에 너를 말함은
5 주 예수와 및 모든 성도에 대
한 네 사랑과 믿음이 있음을
들음이니
6 이로써 네 믿음의 교제가 우리
가운데 있는 선을 알게 하고
그리스도께 이르도록 역사하느니
라
7 형제여 성도들의 마음이 너로
말미암아 평안함을 얻었으니
내가 너의 사랑으로 많은 기쁨
과 위로를 받았노라

오네시모를 위하여 간구하다

8 이러므로 내가 그리스도 안에서
아주 담대하게 네게 마땅한
일로 명할 수도 있으나
9 도리어 사랑으로써 간구하노라
나이가 많은 나 바울은 지금
또 예수 그리스도를 위하여 갇
힌 자 되어
10 갇힌 중에서 낳은 아들 오네시
모를 위하여 네게 간구하노라
11 그가 전에는 네게 무익하였으
나 이제는 나와 네게 유익하므
로
12 네게 그를 돌려보내노니 그는
내 심복이라
13 그를 내게 머물러 있게 하여
내 복음을 위하여 갇힌 중에서
네 대신 나를 섬기게 하고자
하나
14 다만 네 승낙이 없이는 내가
아무것도 하기를 원하지 아니
하노니 이는 너의 선한 일이 억
지같이 되지 아니하고 자의로
되게 하려 함이라
15 아마 그가 잠시 떠나게 된 것
은 너로 하여금 그를 영원히
두게 함이리니
16 이후로는 종과 같이 대하지 아
니하고 종 이상으로 곧 사랑받

는 형제로 둘 자라 내게 특별
히 그러하거든 하물며 육신과
주 안에서 상관된 네게랴
17 그러므로 네가 나를 동역자로
알진대 그를 영접하기를 내게
하듯 하고
18 그가 만일 네게 불의를 하였거
나 네게 빚진 것이 있으면 그
것을 내 앞으로 계산하라
19 나 바울이 친필로 쓰노니 내가
갚으려니와 네가 이 외에 네
자신이 내게 빚진 것은 내가
말하지 아니하노라
20 오 형제여 나로 주 안에서 너
로 말미암아 기쁨을 얻게 하고
내 마음이 그리스도 안에서 평
안하게 하라

21 나는 네가 순종할 것을 확신
하므로 네게 썼노니 네가 내가
말한 것보다 더 행할 줄을 아
노라
22 오직 너는 나를 위하여 숙소를
마련하라 너희 기도로 내가 너
희에게 나아갈 수 있기를 바라
노라

끝인사

23 그리스도 예수 안에서 나와 함
께 갇힌 자 에바브라와
24 또한 나의 동역자 마가, 아리스
다고, 데마, 누가가 문안하느니
라
25 우리 주 예수 그리스도의 은혜
가 너희 심령과 함께 있을지어
다

개역개정 필글씨 매일

쓰기성경®

로마서 · 옥중서신

2020년 10월 8일 1판 1쇄 발행

발 행 인 곽 성 종
발 행 처 (주)아 가 페 출 판 사
등록번호 제21-754호(1995. 4. 12)
주 소 서울시 서초구 효령로8길 5 (방배동)
전 화 (02)584-4669
아가페 출판사

THE HOLY BIBLE
Old and New Testaments
New Korean Revised Version

필사&쓰기성경® 전용펜 장점

1. 잉크의 뭉침(볼펜 똥)이나 이물질이 없어 깨끗하게 쓸 수 있습니다.
2. 쓸수록 종이가 부풀어 오르는 것을 방지합니다.
3. 오랫동안 보관 시에도 종이가 서로 붙지 않습니다.
4. 물기로부터 글자가 훼손되는 것을 막아줍니다.

* 예수님 말씀은 빨간색 펜을 사용하세요.

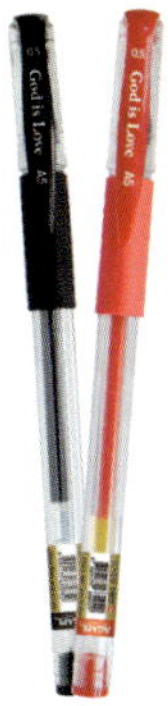

일반용

일반 필사&쓰기성경 전용펜 A5(검정/빨강) ········ **800원**

일반 필사&쓰기성경 전용펜 A5(검정/빨강)
(1박스/12개) ········ **9,600원**

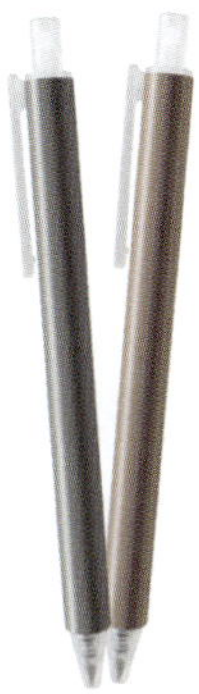

중용량

오피스펜 200 PLUS (검정)
(그레이/골드) ········ **1,500원**

오피스펜 200 PLUS (검정)
(그레이/골드)(1박스/10개) ········ **15,000원**

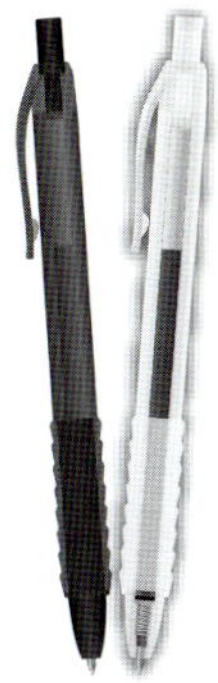

중용량

필사&쓰기 전용펜 (고급)
(블랙/투명) ········ **1,600원**

필사&쓰기 전용펜 (고급)
(블랙/투명)(1박스/12개) ········ **19,200원**

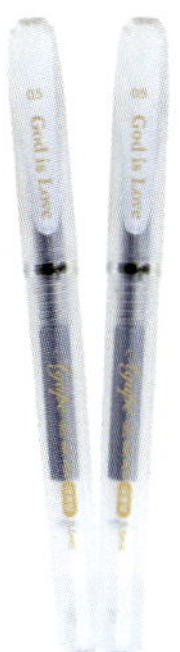

대용량

대용량 필사&쓰기성경 전용펜 ········ **1,700원**

대용량 필사&쓰기성경 전용펜
(1박스/12개) ········ **20,400원**

대용량

대용량 필사&쓰기성경전용 오피스펜 300
(그레이/골드) ········ **1,800원**

대용량 필사&쓰기성경전용 오피스펜 300
(그레이/골드)(1박스/10개) ········ **18,000원**

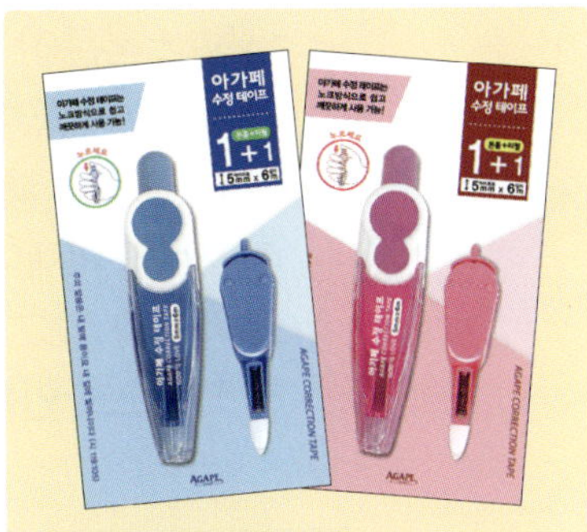

아가페 수정 테이프 (본품+리필)
(블루/핑크) ········ **3,000원**

* 가격은 변동될 수 있습니다.

AGAPE
[주]아가페출판사

본문이 있는 채움 쓰기성경®

매일 말씀을 필사하며 채움의 기쁨을 누리세요!

편집 저작물 등록

★★★

저작권 등록이 되어 있는
편집저작물입니다.

성경 본문이 인쇄되어 있어요!

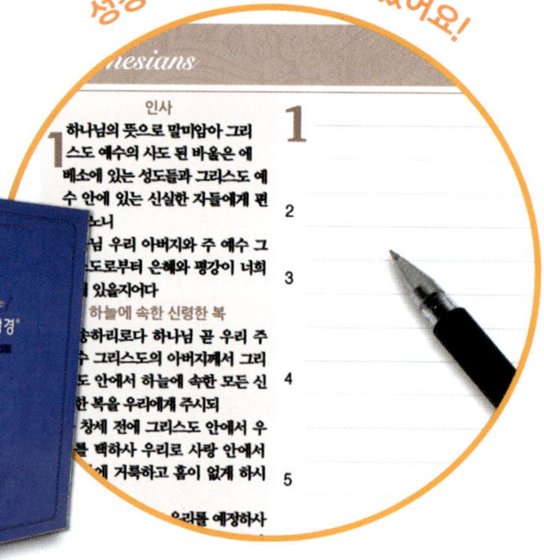

〈실제 본문 사진〉

1. **성경 본문이 인쇄**되어 있어 필사 시간이 획기적으로 단축됩니다.
2. 성경책을 휴대하지 않아도 **언제 어디서든 필사**가 가능합니다.
3. **잘 펴지는 제본**으로 편리하게 쓸 수 있습니다.
4. 자신의 서체대로 자유롭게 쓸 수 있습니다.
5. **목회자 설교 노트용**으로 사용할 수 있습니다.
6. **적색**으로 인쇄된 **예수님 말씀**은 **빨간펜**으로 쓸 수 있습니다.

세트 정가 (구약+신약) : ~~100,000원~~ → 95,000원		
낱권 정가	구약 ❶, ❷, ❸권	각 권 25,000원
	신약	

(※낱권 구매도 가능합니다.)

※ 전국 기독교 서점에서 구매하실 수 있습니다.

성경 필사와 묵상을 함께 할 수 있는

묵상과 함께하는 따라쓰기 성경

성경 필사와 묵상을 함께하세요!

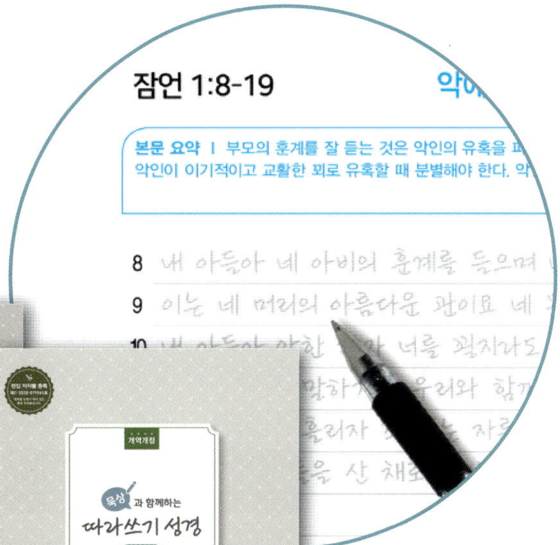

〈실제 본문 사진〉

▲ 잠언　▲ 시편　▲ 요한복음

1. **말씀묵상과 필사를 동시**에 할 수 있습니다.
2. 날짜가 특정되지 않아 순차적으로 말씀묵상과 필사가 가능합니다.
3. **밑글씨**가 있어 **성경책 대조 없이** 필사 가능합니다.
4. 본문이 밑글씨로 인쇄되어, **필사 시간**이 획기적으로 **단축**됩니다.
5. 필사 시, 오자 탈자의 염려가 없습니다.

잠언 정가 8,000원　시편 정가 12,000원　요한복음 정가 8,500원

* 권별로 계속 출간 예정입니다.

손수 쓰신 쓰기성경을 한 권으로 합본해 드립니다.

아래의 두 가지 제본 방법 중에서
한 가지를 선택하여 제본하실 수 있습니다.

최고급 가죽 (천연 우피) 표지 제본	고급 PU 표지 제본

제본 비용 등 자세한 제본 문의는
본사나 가까운 기독교 서점을 통해 문의하시기 바랍니다.

• 교회명, 개인명 인쇄 시 별도 비용 추가 •

AGAPE
[주]아가페출판사